미래의 문을 두드리다 2.0   Start up future in AI

| | |
|---|---|
| 초판 1쇄 찍은 날 | 2020년 1월 1일 |
| 초판 1쇄 펴낸 날 | 2020년 1월 1일 |
| 지은이 | 이동군/김지훈 |
| 엮은이 | 군월드 IT사업팀 |
| 펴낸이 | 이동군 |
| 펴낸곳 | 주식회사 더블유티비미디어 WTB MEDIA CO·LTD |
| | 등록번호 17011-07764l1 |
| | 주소 대구광역시 북구 동북로 117,103(산격동) |
| | 전화 053-721-8898 |
| | 팩스 070-4325-8616 |
| ISBN | 979-11-971070-2-3 (03500)   책값 14,800원 |

*이 책은 저작권법에 따라 보호를 받는 저작물이므로 무단 전재와 복제를 금지하며, 이 책의 전부 또는 일부를 사용하려면 반드시 지은이와 엮은이의 동의를 받아야 합니다.

**Start up future in AI**

# 문에 작은 창 하나 내는 마음으로

바야흐로 AI 기술이 초 단위로 발전하는 시대다. 기술을 알아야 미래가 보인다. 빠르다는 것은 두 가지 의미를 함의한다. 하나는 급속한 변화, 나머지 하나는 적응의 문제가 그것이다. 말 그대로 변화와 적응 사이 지금 이 글을 읽는 독자 여러분들이 있다.

『미래의 문을 두드리다』 1권을 세상에 내놓고 보니 가까운 미래와 먼 미래 사이 그 간극을 메울만한 테마는 우리 주변 곳곳 방대하게 늘려 있었다.

2권 원고를 쓰고 읽으면서 젖지도 마르지도 않는 빨래감을 보는 듯한 기분에 사로잡혔다. 그때마다 퇴고를 거듭했다. 자식을 둔 아버지로서 학생들을 비롯해 누구나 쉽게 이해할 수 있는 기초서적을 완성하는 데 집중을 했다.

4차산업혁명의 범람 속에 소위 우리라는 공동체를 다시금 들여다 봤다. 과학기술의 발전과 직업군의 변화 속에서도 감염원이 침입하자 우리는 우리가 가졌던 자리와 시간을 고스란히 내줘야 하는 아이러니한 상황에 직면했다.

결론적으로 인간은 진정 편리해졌을까. 편리함의 척도가 상대적이라 과거와 현재를 비교하면 과학기술의 발전은 불편함과 궁금증을 풀어주는 데 일부 기여한 것이 사실이다.

하지만 이 편리함의 달콤한 유혹 이면에는 우리가 포기해야 할 것들이 가혹하게 많다. 앞서 말했지만 시간과 공간을 온전히 갖지 못하는 것, 다시 말해 우리는 주체로서 영육 간의 활동에서만큼은 소극적으로 변했다.

온전히 자신의 내면을 돌이켜 볼 시간 그리고 공간의 상실은 극단적으로는 인간성 상실을 의미한다. 이 지점이 펜을 들게 된 계기다. 분초를 다투며 발전하는 AI 기술 앞에 수동적 인간이 아닌 능동적 인간이 되기 위해선 변화에 흥분하거나 두려움에 떨기보다 그 흐름을 읽고 적응하고 극복하는 것이 상책이다.

나는 희망한다. 불확실성의 시대, 답답한 벽과 문에 작은 창 하나 내는 일에 방점을 찍는다. 선의를 위한 기술의 집약만이 인간성 승리를 의미하듯 1권에 이어 이 책이 독자 여러분들의 등대가 되고 나침반이 되기를!

혁신가는 혁신이 좋아 혁신을 한다. 다만 이 힘의 원천은 혁신가의 지인들의 응원에서 비롯되고, 혁신의 영감은 지인들의 생각이 모여 완성되고, 그 혜택은 세상 모든 사람이 두루 누린다.

**군월드 대표 이동군**

# CONTENTS

문에 작은 창 하나    06
내는 마음으로

1 **인공지능(AI)**    14

    인간을 위한 기술
    인공지능

3 **소프트웨어**    38

    4차 산업혁명의 총아
    '소프트웨어'

2 **식용곤충**    26

    미래 먹거리의 중심
    식용곤충

4 **사물인터넷(IoT)**    50

    스스로 알아서 척척
    '스마트' 해진 우리집

Start up future in AI

## 5 IT 기업　　62

세계를 주름잡는
IT 기업들

## 6 예술　　74

인공지능,
예술분야에 도전하다

## 7 스포츠　　84

이제 스포츠도 과학이다

## 8 SF영화　　96

픽션과 팩트 사이,
SF영화

## 9 홀로그램　　108

홀로그램,
리얼리즘을 추구하다

## 10 안경　　120

4차 산업혁명 속
안경의 미래

## 11 카메라　　132

카메라로 보는 세상

Start up future in AI

12 **통신** 142

인간의 소통 욕구,
통신의 발전

13 **(타운)하우스** 154

미래 주거문화의 트렌드
'타운하우스'

14 **우주여행 I** 166

우주를 향한
인류의 도전

15 **우주여행 II** 176

현실화되는 우주여행

16 **시간 여행** 188

미래, 시간여행
정말 가능할까

17 **태양과 지구** 198

가깝고도 먼 사이,
태양과 지구

18 **태양계** 208

SF영화의 단골 배경,
'태양계'

# CONTENTS

### 19 유전자　　220
또 다른 나의 표현 유전자

### 20 진화　　232
인류의 진화 '삶과 죽음'

### 21 커피　　244
여유 한 잔, 커피의 향연

### 22 수면　　256
수면이 곧 산업이다

### 23 혁신　　268
변화의 이름 '혁신'

### 24 한글　　280
알고 쓰시나요 '한글의 과학'

### 25 4차 산업혁명　　292
AI로 지켜본 4차 산업혁명

**Start up future in AI**

미래의 문을 두드리다 2.0

인간을 위한 기술
인공지능

## 일자리 킬러?
## 인류의 친구!

　해묵은 논란이다. 유토피아와 디스토피아의 이항 대립. 4차 산업혁명의 발발과 'AI 시대' 개막과 더불어 파생된 직업관의 변혁이란 '창출'과 '소멸'이라는 이데올로기적 성격의 어젠더를 양산해 냈다.
　유수의 글로벌 예측 회사에 따르면 향후 10년을 기점으로 전 세계 2,000만 개에 이르는 일자리가 AI 시스템에 의해 대체될 것으로 분석된다. 이는 곧 자동화 시스템 도입을 통한 신新일자리 창출의 청사진과 직업군 소멸로 인한 '잉여인간 양산', 덧붙여 이로 인한 극심한 소득 불평등을 초래할 것이라는 방증쯤으로 여겨진다.
　고찰이 필요한 문제다. 그렇다고 도래할 AI의 파생을 '어차피'라 치부해서도 안 될 노릇이다. 집단지성으로 치열한 성찰의 과정이라 여겨보자. 단, 가장 중요한 모토를 간과하지 말아야 한다. AI는 바로 '인간을 위함'이라는 캐치

프레이즈가 바로 그것이다.

　초 융합과 초연결이라 함은 결코 이질적 단계가 아니다. AI와 머닝러신, 빅데이터와 지능화 로봇이 적절한 조화를 이룰 수만 있다면 이미 경쟁력 제고에 중턱을 밟은 셈. 여기에 인간 고유의 '창의적 능력'을 되짚어 볼 필요가 있다.

　AI 시대의 주체는 다름 아닌 인간이다. 10만 내외의 신경망을 보유한 알파고와는 달리, 인간에게는 1천억 개에 이르는 뉴런이 서슬 푸르게 살아있다. 인공지능으로 하여금 최종 결정권자는 오롯이 인간의 몫이라는 증명이다.

　창출과 소멸, 그저 생각하기 나름이라는 것이다.

## AI가 사람을 대신하다

산업혁명의 치열한 격동기를 거치며 그간 농업 분야를 비롯한 산업군의 전 방위적 '자동화'가 영위돼 왔다. 이러한 추세는 꼬리에 꼬리를 물고 3차 산업의 심벌로 일컬어지는 서비스 분야에까지 AI의 시류를 온 몸으로 수용해가고 있다.

우선 '인간의 존엄'을 최우선시하는 '의료 분야'부터 한 번 살펴보자. 이름마저 생소한 'AI닥터'가 진단서부터 처방, 투약, 수술에 이르는 의료 행위 전반을 컨트롤한다. 여기에도 인간의 역할은 주효하다. AI 활용을 통해 신속하고 정확한 의료 활동을 인간 의사가 제어하게 된다.

인간의 눈으로 미처 꼬집을 수 없는 장기 각 부분을 초음파와 CT 등 영상의학 기술의 눈부신 성장을 통해 추적해간다. 고도화된 기술을 자유자재로 적용할 수 있는 고도화된 의료 인력의 탄생을 알리는 신호탄이다. 이는 곧 AI가 기존 의사 인력을 소멸하는 것이 아닌, 더욱 고급화된 인력 양성에 디딤돌이 된다는 것으로 풀이된다.

명확한 상담이 가능한 '챗봇'의 대두가 기존 상담사의 일자리를 위협한다는 우려, 이제는 한낱 기우일 것으로 보인다. AI 상용화와 그로 인해 파생한 챗봇의 제고는 되레 고도화된 상담 인력을 낳았다. 바로 '인공지능 큐레이터'의 이름으로. 인공지능이 정확한 정보 전달의 파트를 맡고, 상담사는 오롯이 고객의 감정 진단에만 집중, 이를 통해 (고객의) 니즈 확보에 한층 더 용이해질 것으로 기대된다. AI와 인간의 융합이자 적절한 분업화 전략이다.

제조업에서의 AI 기술력은 '신속', '정확'의 모토를 더욱 공고히 할 요량이다. 휴식이 필요 없고, 별도의 인건비 역시도 발생치 않을 터. 아울러 향후 상점의 계산대는 인간이 아닌 AI의 몫으로 돌려야 할 시점으로 보인다. '무인 주문 시스템'의 이름으로 오차 없고 안전한 프로세스를 바탕으로 계산원의 역할을 톡톡히 해낸다.

이제는 사무실 내 직무가 대폭 줄어들 것으로 보인다. 각종 서류 처리나 거래처 체크 등의 단순·반복적 업무는 AI 시스템의 '자동화 프로세스'로 대체될 것이라는 것. 아버지의 꿈이었던 '화이트칼라'는 뒤안길로 사라질 전망이 지금으로선 우세하다.

커피의 맛은 정성이 반이라지만, 향후에는 균등한 맛의 커피 제조가 가능한 'AI 바리스타'야말로 커피 시장의 또 다른 핵으로 자리 잡을 전망이다. 원리는 간단하다. 집게발을 지닌 AI 로봇이 커피 가루를 드립에 부은 후 원두 기계를 작동, 단 3분 만에 커피를 완성해낸다.

AI 바리스타는 다양한 종류의 커피 제조마저 가능하다. 그 기술력을 살펴보면 커피 종류에 따라 물의 온도와 양을 컨트롤함은 물론, 원두 개별로의 특성에 따른 수압 조절에까지 이른다. 실제 블라인드 테스트 결과, 사람 바리스타가 제조한 커피의 맛과 별반 차이가 없다는 평가가 나오기도 했다.

면접관도 AI의 조력을 받을 예정이다. 'AI 면접'은 마이크와 화상 카메라가 주된 기술력이다. 시스템에 인지된 지원자의 태도, 표정, 답변 내용 등을 분석, 미리 저장된 회사 인재상에 부합하는 지원자를 선발해 낸다는 것.

AI 면접은 지원자 개별로의 성향뿐 아니라, 맞춤형 면접을 통해 관계된 직무 역량 및 돌발 상황에 관한 대처능력 등을 체크해낸다. 이후 지원자들은 컴퓨터를 활용한 '인적성 검사'를 통해 시간과 장소의 제약 없이 최종 면접을 마칠 수 있다.

문화재 관리에도 사물인터넷의 기술은 곳곳에 스며들어

## 전세계 산업용 로봇 공급량

(단위: 만 대)

- 2013년: 178
- 2014년: 221
- 2015년: 254
- 2016년: 290
- 2017년: 322
- 2018년: 363

## 미래 유망 분야별 일자리 수 전망

■ 2016년  ■ 2025년

- 스마트카: 1천854명 / 3만284명
- 가상현실: 9천763명 / 8만2천813명
- 3D프린팅: 1천118명 / 7천799명
- 사물인터넷: 4만2천356명 / 12만7천578명

## 자동화 대체 확률 높고 낮은 직업

| 대체 확률 높은 ↑ 직업 | 대체 확률 낮은 ↓ 직업 |
|---|---|
| 1 콘크리트공 | 1 화가, 조각가 |
| 2 정육원, 도축원 | 2 사진작가, 사진사 |
| 3 고무, 플라스틱 제품 조립원 | 3 작가 및 관련 전문가 |
| 4 청원경찰 | 4 지휘자, 작곡자, 연주자 |
| 5 조세행정사무원 | 5 애니메이터, 만화가 |
| 6 물품이동장비 조작원 | 6 무용가, 안무가 |
| 7 경리 사무원 | 7 가수, 성악가 |
| 8 환경미화원 | 8 메이크업아티스트 분장사 |
| 9 세탁 관련 기계조작원 | 9 공예원 |
| 10 택배원 | 10 예능 강사 |
| 11 과수작물재배원 | 11 패션디자이너 |
| 12 행정, 경영지원 관련 서비스 | 12 국악 및 전통 예능인 |
| 13 주유원 | 13 감독, 기술감독 |
| 14 부동산중개인 | 14 배우, 모델 |
| 15 건축도장공 | 15 제품디자이너 |

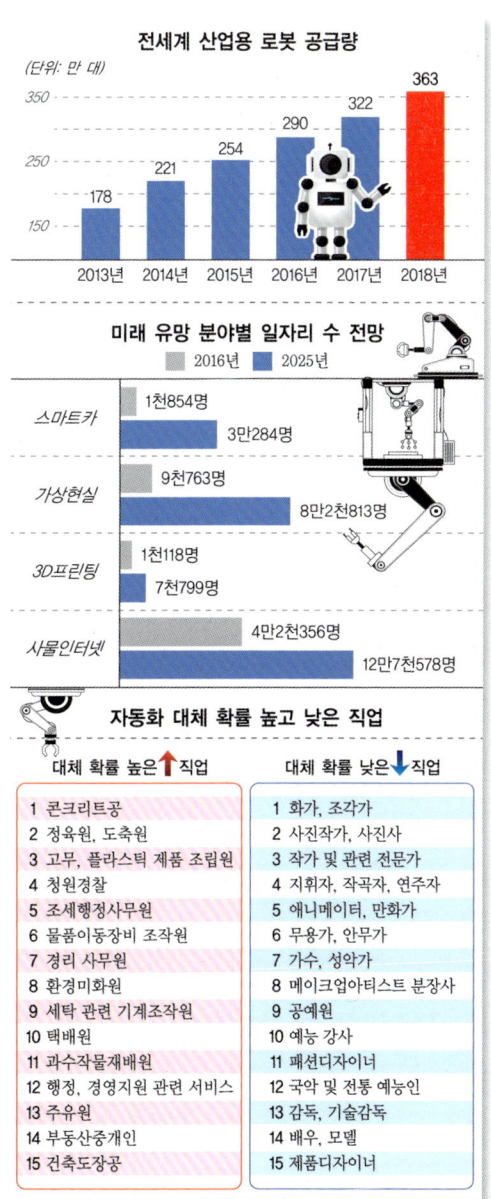

있다. '문화재 모니터 시스템'을 활용, 문화재 인근으로 각종 재해 등의 변수를 실시간 모니터링한다. 이 밖에도 문화재의 균열 상태, 기울기, 온도 등을 상시 체크함에 따라, 문화재 보존 간 첨단기술을 투영시킨다는 것.

이 시스템은 별도의 배선공사가 요구되지 않는 '무선센서'를 적용, 이를 통해 공사비 절감은 물론이거니와 개별의 배선 정리가 필요치 않아 깔끔한 외관 유지에 제격이다. 센서 거리 역시 10㎞에 달하는 것으로 알려져, 문화재뿐 아니라 인근 노후 건물 관리까지도 쉬 아우를 수 있다.

이젠 예술에도 AI 기술력이 십분 발휘될 예정이다. 마이크로 소프트의 중국연구소가 개발한 이 시스템은 AI가 특정 그림을 관찰 후, 그에 따른 감성을 발휘, 시를 쓰는 기술이다. 하지만 이 역시도 AI 기술력의 발현 정도로 바라봐야 할 필요가 있다. AI는 그림 선택과 동시, 시를 쓰는 기술력을 선보이는 것일 뿐 결국엔 창의와 감성의 영역은 인간 고유의 몫이다.

과수 수확에도 인간이 아닌 로봇의 힘을 빌려볼 수 있다. 바로 뉴질랜드의 사례인데, 인건비 절감과 생산성 제고에 탁월하다는 평가다. 과수 로봇의 주요 기술력은 '식별 기능'에 있다. 여기에는 레이저를 통해 사과 등을 인식하는 '라이더 기술'이 투영돼 있는데, 이를 통해 과수원 이곳저곳의 경로를 인식, 원활한 수확을 가능케 한다.

이뿐만이 아니다. 과수 로봇은 수확의 기능을 한층 더

뛰어넘어, 양질의 과일을 식별해낼 수 있는 기능까지도 갖추고 있다. 바로 '비전 시스템'의 이름으로 말이다. 실제 사과를 따내는 기술력은 '흡착 방식'을 적용한다.

이제는 '탈 지구화'다. 시나브로 AI는 우주산업에까지 손길을 뻗쳐가고 있다. 미국 '실리콘 벨리'의 이야긴데, 벤처타운의 명성에 맞게 이들은 '우주 스타트업'의 이름으로 AI와 우주의 초연결적 모토를 꾀하고 있다.

부여 받은 위성 사진을 AI로 분석, 이를 바탕으로 각종 경제 정보를 공유하는가 하면, 위성 사진을 통해 원유 덮개의 고저를 분석해냄으로써 현재 남아있는 원유량 체크 등을 가능케 한다.

## 미래 AI, 3가지 조건 갖춰야

이처럼 4차 산업 혁명의 시류는 거세다. 앞서 겪어온 산업·정보화의 물결에 비할 바가 아니라는 것이다. 하지만 물밀 듯이 밀려오는 파고를 정면으로 수용하기엔 산재한 리스크 역시 무시할 수 없을 노릇. AI의 범람에 궤를 맞추기 위해선 3가지 전제 조건이 수반돼야 한다.

그 첫 번째가 대체 능력이다. 말 그대로 AI의 기술력을 토대로 기존 인간이 시행해오던 업무를 명분, 아울러 실리적으로 대체할 수 있는 명확한 근거가 수반돼야 한다.

두 번째는 '신뢰'의 차원이다. 타성이라 치부 할 수도 있지만, 어찌 됐건 AI의 업무 능력이 인간으로 하여금 확실한 신뢰 프로세스가 구축돼야 함이 마땅하다. 종국엔 인간의, 인간으로 인해, 인간만을 위한 기술력이 바로 AI의 속성이기 때문으로.

세 번째는 경제적 차원이다. 가장 간과할 수 없는 부분이기도 하다. AI 기술이 인건비 절감과 생산성 제고의 아이덴티티로 가시적이어야 할 터. 이 모든 조건에서 삼위일체가 이뤄짐에 따라 진정한 AI 시대의 서막을 온전히 맞이할 수 있을 것으로 보인다.

총체적으로 정리해보자. 자동화 시스템으로 인한 갈등은 곳곳에서 터져 나오고 있지만, 사실상 완전한 AI 시스템 상용화를 위해선 적지 않은 시일이 소요될 것으로 보인다. 다만 가까운 미래, 불어 닥칠 4차 산업으로의 변혁 시점을 미리 대비해보자는 것이다.

가장 우선시 돼야 할 것, '인간 소외'의 경계다. AI로 인해 기존의 일자리를 위협받는 이들, 자동화 시스템에 쉬 적응할 수 없는 인력을 대상으로 기술적 교육과 고도화를 위한 업데이트 작업을 쉼 없이 시행해야 함이 마땅하다.

여기에는 노동시장 전반으로의 '새판 짜기'에 나섬이 필수 불가결한 요소일 것이다. 바뀐 시장의 적응력 제고를 위한 교육 훈련 등도 동시 수반돼야 한다. 정부 차원으로도 소멸 가능한 반복·단순 노동시장이 아닌, 4차 산업에 걸맞은 고 사양, 고부가 가치 분야 간 투자가 적극적으로 이뤄져야 함이 요구된다.

인공지능의 점층적 발전은 산재한 사회문제 해결에 탁월한 효과를 보일 것으로 기대된다. 노동시장의 하릴없는 변화를 경계하되, 이를 통해 일자리의 근간이 변혁을 맞게 됐음을 인정해봐야 할 때다. (AI로 인한) 노동자들의 이직과 해고에 신新산업 관련 명확한 교육 커리큘럼을 설정함으로써 지피지기知彼知己의 지혜를 가져보자는 것이다.

지금 서 있는 이곳이 위태로울 수 있다. '위기는 곧 기회'라는 원론적 얘기가 아니다. 산업화 초기는 늘 위태로웠다. 100여 년 전, 각종 기계의 발명을 두고 당시 사람들은 '파괴'라 일갈하며 백척간두에 내몰림을 십분 피력했다. 다만 100년이 흐름 지금, 그때의 위태로웠던 파괴는 오늘날 '파괴적 혁신'으로 추앙받고 있음을 되새겨 볼 필요가 있다.

# 미래먹거리의 중심 식용곤충

## 보기만 하면 오싹
## 맛보면 한 그릇 싹

　세상엔 무서운 게 많다. 남편은 아내가 무섭고 동생은 누나 눈치 보기에 바쁘다. 무서운 건지 징그러운 건이 그 경계가 모호하긴 하지만 쥐, 바퀴벌레, 뱀 등의 곤충 또는 포유류 역시 웬만하면 마주하기 싫은 존재들이다.
　하지만 가장 무서운 건 바로 '선입견'과 '길들어진다는 것'이다. 참 옛날 일이긴 한데 동네에 몇 명쯤은 길바닥에 돌아다니는 개미를 주워 먹는 것도 모자라 특정 꽃잎을 굳이 찾아내 따먹는 친구들이 있었다. 간혹 어른들도 섞여 있었다는 게 함정이지만 말이다.
　일부에선 자연스러웠을지언정, 또 다른 한편에서는 경악스러운 행동이었다. 정확히 말하면 그런 모습을 두고 우리네 부모님은 우리로 하여금 경악할 일 혹은 절대 하지 말아야 할 행동이라며 학습시켰다. 조금 더 어린 유아에겐 "지지"로 표현된 이 근본 없는 의성어가 조금 더 와 닿을 듯.

당연히 우리에게 곤충을 섭취하는 행위란 더럽고 심지어 나쁜 일처럼 여겨질 수밖에 없었을 것이며, 다 큰 어른이 된 지금에 와서 곤충을 접하라는 것이란 더욱 납득하기 어려운 금기사항일 터다.

사실 이번 연재의 방점은 꼭 곤충을 먹어야 한다는, 또는 곤충은 식용으로써 썩 좋을 것이라는 이른바 '반찬양적' 요소는 깃들어 있지 않다. 다만 4차 산업 시대, 새로움에 관한 우려 대신 혁신으로의 기대 혹은 선한 의미의 대안으로 인공지능(AI)을 맞이하자는 신념에 '새로운 먹거리'의 테마를 접목한 정도로 이해함이 옳은 방향일 듯하다.

## 곤충, 대안 푸드로 역할로

당신 옆을 지나가는 벌레를 어렵겠지만 자세히 관찰해보자. 3등신(?)의 몸매에 길쭉 솟은 더듬이, 등신$^{等身}$마다 붙은 다리를 보면 오싹함마저 감돈다. 사실 귀뚜라미나 메뚜기처럼 실생활에 그리 해하지 않은 곤충이야 어물쩍 넘길 수 있겠다만, 혹시라도 '해충'이라고 통칭하는 벌레를 접할 때면 그 특유의 징그러움과 해악$^{害惡}$이 오버랩 되며 더욱 몸서리치게 된다.

하지만 아이러니하게 이 같은 곤충들이(해충 제외) 우리가 흔히 접할 수 있는 소고기와 비교해 무려 수십 배 이

상에 이르는 단백질 요소가 포함돼 있다는 사실, 과연 믿을 수 있는가. 단백질뿐 아니라 우리 몸의 필수 영양성분으로 알려진 키토산과 아연마저 마치 덤 인양 포함돼 있다.

키토산은 등껍질이 딱딱한, 그러니깐 게와 새우와 같은 갑각류의 키틴을 '탈 아세틸화' 해 얻어낸 물질을 의미한다. 여기서 말하는 탈 아세틸이란 유기 화합물이 결합하고 있는 아세틸기를 탈리시키는 반응이다.

통상적으로 알려진 키토산의 효능으로는 노폐해진 세포를 활성화함으로써 노화를 방지하고 면역력을 강화, 이와 더불어 생체의 자연적인 치유 능력을 활성화하는 기능 등이 대표적이다.

아연은 효소의 구성 요소 중 하나로, 핵산과 아미노산

대사에 관여 성장과 조직 골격 형성, 생식 및 면역 기능 원활하게 하는 역할을 한다. 이쯤 되니 곤충이 '미래의 대안 식량', 심지어 '또 다른 슈퍼 푸드'로 대두된다는 것이 허언으로만은 들리지 않는다.

실제 '유엔식량농업기구' 보고서에 따르면 지금으로부터 30년 후인 2050년의 세계 인구는 100억 명에 살짝 못 미치는 약 95억 명에 달할 것으로 예측하고 있다. 지난 1946년 유엔 최초의 전문기관으로 등장한 이 기구는 전 세계 인구를 대상으로 영양 상태 및 생활 수준의 향상을 모토로 둔 세계적인 공인 단체다.

기구는 30년 후 미래 인구가 현재의 2배 이상 증가함에 따른 식량의 고갈 현상을 '난難'이라고 표현한다. 이에 부족한 식량을 대체할 '대안 푸드'로 곤충을 지목하고 나선 것이다. 실제 미래학자 일부는 선입견의 문제일 뿐이지 곤충에 풍부한 필수 '아미노산'과 '불포화지방산'의 영향으로 눈 한번 질끈 감고 섭취해본다면 깨물수록 고소한 맛과 향취가 풍길 것이라는 예찬(?)을, 꼭 그게 아니라도 안심 정도는 시키고 있다.

여기서 아미노산이란 20가지 아미노산 블록으로 만들어진 단백질 덩어리의 조합이며, 불포화지방산은 분자 내에 이중 결합 지방산을 의미한다. 단순하게 말해 단백질과 지방산을 씹고 씹어댄다면 그냥 생각해 보더라도 꽤 고소한 맛은 나올 듯하다.

곤충을 식용으로 발굴하자는 명분은 식량으로써 대안적 의미뿐 아니라, 경제·환경적 측면에서도 찾아볼 수 있다. 여기에는 곤충이 기본적으로 '냉온'의 성질을 지닌다는 데서 기인한다. 냉온동물의 특성은 체외 온도에 체내 온도가 따르며, 에너지, 먹이 섭취도 생존 환경의 선택이 단순, 아울러 운동이나 각종 기능 모두가 통상 완만하며 둔한 것으로 알려진다.

이 같은 곤충의 특성으로 말미암아 체온 유지에 그다지 많은 에너지가 소모되지 않음은 물론, 사료의 비율 역시도 일반 가축과 비교해 현저히 낮아진다는 점으로 비춰 볼 때 '온실가스' 발생빈도가 급격히 낮아진다는 논리다. 참고로 온실 가스는 지구온난화를 일으키는 원인이 되는 대기 중 가스로, 가축들로 인해 발생한 메탄이 온실가스 발발의 주요 원인 중 하나로 꼽힌다.

## 이미 우리에 가까운 '식용곤충'

대한민국의 식용 곤충은 현재까진 '학설적 범주'에 그치지 않는다. 각종 안정성과 무엇보다 서두에서도 언급 했듯 선입견의 장막이 아직 절반도 걷히지 않았기 때문이다. 단순 이론상 (곤충을) 대체 음식으로의 탁월성을 운운하기에 앞서 공신력 있는 테스트와 그에 수반된 교육이 선행돼야

곤충에는 우리가 흔히 접할 수 있는 소고기와 비교해 무려 수십 배 이상에 이르는 단백질 요소가 포함돼 있다.

함이 마땅하다.

　현재 전 세계적으로 식용 푸드가 진정 식용으로의 가치를 입증한 나라를 꼽자면 라오스, 베트남, 중국, 일본 정도로 요약된다. 우리나라에선 '번데기'가 그나마 식용 곤충으로써 일정 수준의 입지(?)를 다진 정도.

　번데기는 신기하게도 곤충이 아닌 '육류'로 분리된다. 유원지 음식의 히로인(?)으로 불릴 만큼 대중적 음식으로 자리 잡은 번데기, 돌돌만 신문지에 고이 포개진 번데기는 뇌조직과 신경구성에 필수인 레시틴이 풍부한 것으로 알려진다. 레시틴은 글리세린 인산을 내포하고 있는 인지질 중 하나다.

　우리나라에선 비록 생소하지만, 번데기만큼이나 전 세계적으로 통용되는 식용 곤충을 꼽자면 '연지벌레'가 있다. 사실 연지벌레란 것이 겉보기로만 생소할 뿐, 신변잡기적(식용 곤충 시장 내) 식품산업과 가장 맞닿아 있다.

　안줏거리로 제격이 '게맛살'과 목욕 후 필수 음용하는 바나나 우유와 더불어 양대 산맥으로 일컬어지는 '딸기우유'의 색소 역시도 모두 연지 벌레로부터 비롯된다. 연지 벌레는 다른 말로 '깍지벌레'로도 불리는데, 이 깍지벌레 중 일부에서 검출되는 '코치닐 색소'가 위와 같은 식품에 첨가되는 것이다. 참고로 연지벌레의 주 무대는 '선인장'이다.

코치닐 색소는 흔히들 '카민'이라고 하는데, 프랑스어인 카민은 우리말로 선홍색, 옅은 붉은색 정도로 표현할 수 있다. 카민의 역사를 되짚고자 한다면 고대 잉카 제국으로까지 거슬러 올라가야하며, 본격으로 대중과 마주한 시점은 콜럼버스 이후로 보는 것이 정설이다.

최근 미국의 한 아이스크림 전문점서 출시한 이른바 '곤충 아이스크림'이 이목을 끌고 있다. 아이스크림 위에 귀뚜라미와 같은 곤충을 곁들였다는 건데, 아이스크림의 달콤함에 묻혀서일까. 선입견을 최대한 배제하고 한 입 베어 물어본 일부의 평가로는 "꽤 긍정적인 경험이었다" 고 한다.

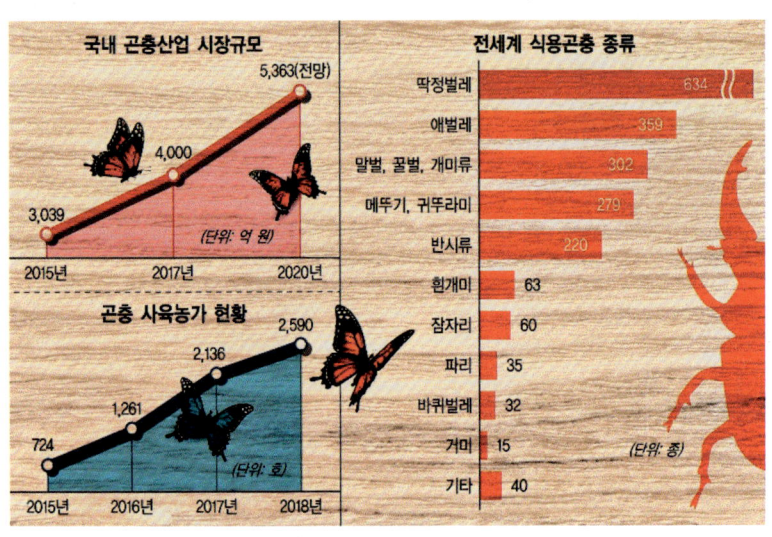

## 성장 중인 식용곤충 시장

4차 산업의 광풍이 제아무리 거센들, 인간 불멸의 관심사는 바로 '건강'이다. 세상의 중심은 티를 안 낼 뿐 누가 뭐래도 '나'일 것이며, 내가 존재하지 않고는 인공지능 이건, 로봇이건 그 어떤 혁신을 주창하더라고 '무용지물'일 뿐이다. 건강이 곧 만사萬事다.

건강 유지의 중심엔 식량이 있고, 그 식량이 아쉬워마지 않은 한계에 다다를수록 대체 식량으로의 자연스러운 이동은 어찌 보면 필연적이다. 대체 식량의 정점 중 하나가 바로 식용곤충이라는 것이다.

실제 식량 전문가들에 따르면 향후 5년을 기점으로 식용곤충 시장의 규모를 1조 원 내외로 전망하고 있다. 이는 위에서도 언급한 곤충의 전방위적 활용 가치에 기인한 것으로, 생존을 위한 식재료 수준을 넘어, 음료, 스낵에 이르는 '디저트 산업'에도 곤충의 영향력은 시나브로 확산할 조짐이다.

우리나라 역시도 이 같은 시류에 발맞춰 식용 곤충에 관한 다양한 연구 활동에 가일층 박차를 가하고 있다. 최근 충북의 '종자보급센터' 설립을 시발로, 곤충을 활용한 다채로운 가공 식품 개발에 매진한다는 복안이다.

당시 개미를 잡아먹고 꽃잎을 따 먹었던 당신, 그리고 우리. 그땐 누구 하나랄 것 없이 못 먹고 못 입었던 그저 모두가 어렵고 시린 하루였을 터. 그렇기에 결코 부끄럽지 않았다. 다만 어른들이 전하길 당시의 박탈감이 오늘의 '건강식'으로 탈바꿈했다는 데서, 그저 격세지감隔世之感이다.

# 4차 산업의 총아 소프트웨어

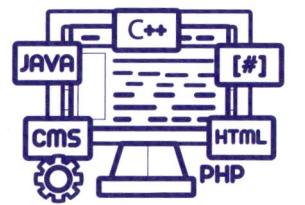

# 미래 기술의 뿌리 'SW'
# 4차산업 성패 좌우한다

인공지능, 빅데이터, 사물인터넷, 클라우드, 3D프린팅, 5G, 블록체인, 스마트 공장, 스마트 팜, 지능형 로봇, 스마트 시티, 핀테크, 자율주행차, VR, AR, MR, 신재생 에너지, 드론.

위 열거된 산업군은 분명 개별로의 줄기를 두고 있다. 하지만 뿌리는 하나다. 4차 산업의 총아라 불리는 '소프트웨어'가 바로 그것인데, 이처럼 소프트웨어를 차치하고 4차 산업을 혁명이라 일컫는 데 무리가 따를 것으로 보인다. 소프트웨어의 발전이야말로 4차 산업의 성패를 취할 결정적 가늠자인 셈이다.

소프트웨어가 4차 산업의 이른바 '빅 대디'로 통칭함에 따라, 소프트웨어 기술자의 처우도 상승 곡선을 그리고 있다. 실제 세계유수의 정보통신 업체서 근무 중인 소프트웨어 엔지니어의 평균 연봉은 15만 달러, 한화가치로 약 1억 8천 만 원에 육박하는 것으로 알려졌다.

## SW는 무엇인가

소프트웨어는 곧 '프로그램'을 의미한다. 하지만 이는 총체적 의미일 뿐, 더 정확히 말하면 프로그램 구동 간 프로세스와 색인, 각종 규정 등의 총 망라야 말로 소프트웨어라 칭하는데 큰 무리가 없을 듯하다. 소프트웨어는 크게 프로그램 구동을 위한 시스템 소프트웨어와 이용자 개별로의 니즈에 따른 응용프로그램으로 나뉜다.

4차 산업의 주체로 일컬어지는 인공지능(AI)이 산업군 전반에 스며듦에 따라, 유수의 관련 전문가들은 하드웨어와 소프트웨어의 동시다발적 커리큘럼이 선행돼야 함에 한 목소리를 내고 있다.

과거 스마트폰이 시발로 대두되던 시점을 회상해 보자. 안드로이드와 IOS가 양대 산맥으로 급부상했음과 대동소이한 맥락으로 이해할 수 있겠다. 이는 곧 하드웨어와 소프트웨어의 융합이 불가피한 어울림이라는 방증이다.

　하드웨어와 소프트웨어 접목의 대표적 사례 중 하나가 바로 '자율주행차'다. 자율 주행의 선행 기술력 이라함은 '지구위치측정체계$^{GPS}$ 위성'이다. GPS를 통해 자동차의 위치, 그에 따른 지형 등을 인지하게 된다.

　이후 GPS가 자율 주행차의 궤적을 인식, 레이저 스캐너가 거리조절과 장애물 등의 각종 돌발요소를 파악해 안전운행을 도모한다. 여기에 하나 더, 사각지대 절감을 위해 레이저 스캐너를 활용, 사방에서 비춰오는 빛을 이용한 라이다가 다시 한번 체크함에 따라 안전성 제고의 극대화를 꾀한다.

4차 산업의 범람을 두고 파생된 극심한 이항대립. 이에 대한 고찰은 결코 개인의 몫이 아니다. 응당 지성인으로서 거쳐야 할 집단적 성격의 어젠더임을 인지할 필요가 있다. AI 분야에서 개별로의 산업군은 더는 설 자리가 없다는 것으로 이해해야 할 때다. 이제는 소프트웨어이자 그에 수반된 하드웨어다. 마치 '고목에 붙은 매미'처럼 말이다.

## 솔루션 역할에 혁혁한 가치 뽐내

오픈소스[OSS]. 오픈소스는 소프트웨어의 CAD와 일맥상통하는 소스 코드를 각 프로그램 등을 통해 공유, 명칭 그대로 불특정 다수 누구나 소프트웨어의 업그레이드 및 재배치가 가능한 소프트웨어를 의미한다.

소프트웨어의 설계자 역할을 하는 오픈소스의 특성에 걸맞게, 대한민국 유수의 기업들은 오픈소스의 경제적 효과에 주목하고 있다. 이 중에서도 IOT 사업 간 오픈소스의 활용도가 고무적 행보를 보인다.

이는 여타 AI 관련 산업군 가운데, 사람과 사물, 사물과 사물 간 연계 프로세스가 4차 산업의 핵으로 자리 잡을 것이라는 기대심리의 발로쯤이 아닐까. 다시 말해 소비자들은 업체 개별로의 상품뿐 아니라, 이와 연장선상의 여타 통신기기와의 동시 활용이 필연적이라는 것이다.

이를 비춰볼 때 기업 생태계의 불가피한 변혁이라 함은 필수불가결한 상황임을 직시할 필요가 있다. 불과 10년 전만 하더라고 연계점에 있는 통신기술에 국한, 그들만의 MOU에만 매진해 오던 것이 당시 업계의 정설이었다고 한다면, 이제는 자신들만의 리그에 피로감을 느낀 기업들이 자사의 기술력을 품은 오픈소스를 개발, 가일 층 박차를 기함으로써 불필요한 인력 낭비와 시간 소요, 중간 유통과정을 생략한다는 의지로 해석된다.

딥러닝의 재발견이 가열찬 성과를 보인다. 최근 세계적 카메라 관련 기업서 출시한 딥러닝 촬영기기는 최고수준의 CT기술이 투영, 이를 통해 딥 러닝이 접목된 초고해상도의 화질을 구현해 낸다.

상업용 촬영기기를 넘어 AI가 융합된 '의료 소프트웨어'가 아울러 각광받고 있다. 이는 기존 환자의 의료영상 촬영 후 분석, 이를 통해 질병 유·무와 성질, 종류를 감지해 내던 CT 소프트웨어 방식에 딥 러닝을 적용함에 따라 한층 더 세련된 고화질의 의료 CT 재현이 가능해졌다.

이 같이 높은 수준의 해상도 구축을 가능케 한 것은 딥 러닝의 기술력 중 하나인 '심층신경망' 이다. 수치상으로 볼 때 기존 CT 해상도 대비, 속도는 4배 이상 빨라지고, 선량은 20% 가까이 낮아진 셈이다.

IBM의 왓슨을 오마주한 이른바 '한국형 왓슨'이 닻을 올렸다. 왓슨은 인간 개별의 언어를 프로그램 자체로 분석,

국내 소프트웨어교육 운영 학교 및 수혜학생 전망
소프트웨어교육 학교
(단위: 개)
72
228
900
2,000
9,000
2014년
2015년
2016년
2017년
2020년
소프트웨어교육 수혜학생
(단위: 만 명)
1
7
25
48
220
2014년
2015년
2016년
2017년
2020년

국내 소프트웨어 시장 규모 전망
(단위: 원)
Apps
AD&D
SIS
5조
3조
1조
2017년
2018년
2019년
2020년
2021년

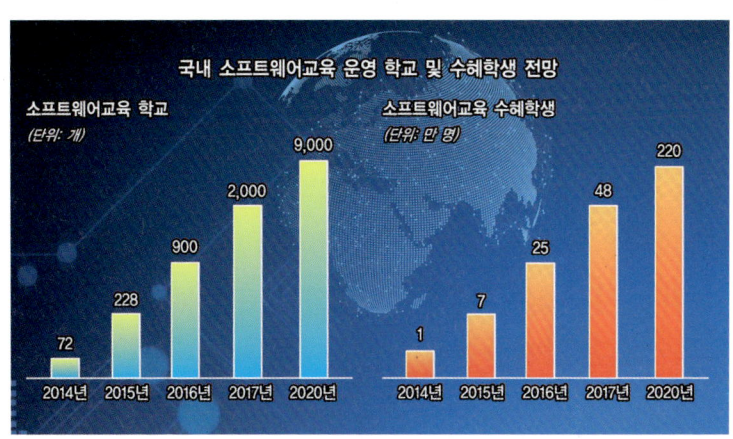

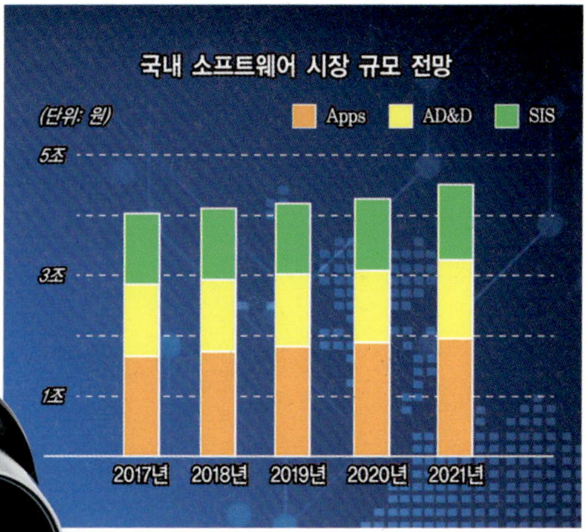

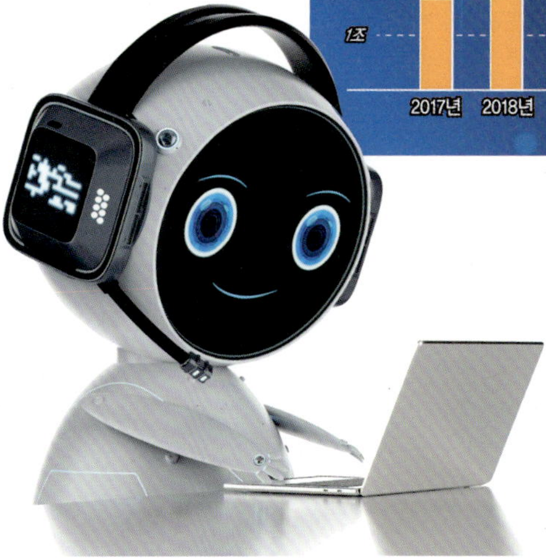

이를 파악 후 프로세스에 맞는 결과도출이 가능한 슈퍼컴퓨터를 의미한다. 정부 차원으로 한 대학병원과 스타트업의 기치를 부각한 이 프로그램의 기반 역시 AI 시스템, 그 위에 있는 소프트웨어의 기술력이다.

  이 같은 불세출의 AI 프로그램이야말로 각종 의료영상과 진단 시 개인정보, 환자 개별의 유전 정보 취합을 통한 양질의 생활 패턴을 제공, 다채로운 정보와 후 사례를 축적해 빅데이터화 한 후 종국에는 환자 특성에 맞는 예측, 진단, 치료, 지원에 이르는 AI 기반 '원 패스 의료 프로세스'를 목표로 둔다.

현재 국내 30여 곳의 병원과 25곳에 이르는 관련 기업들이 각기의 사안으로 협약 체결에 나서고 있다. 이를 통해 향후 일반 질병을 넘어 소아 희귀 유전병 등의 난치병 진단과 예방을 영위할 의료 소프트웨어 상용화를 목표로 박차를 가하고 있다.

불과 3~40년 전만 하더라도 소프트웨어는 하드웨어 구매 시 무료로 제공하는 시쳇말로 '덤'이었다. 하지만 인터넷의 발전과 프로그램 고도화 과정을 거치며, 소프트웨어는 업무 자동화와 단순 연산기능을 넘어 사회 전반으로의 솔루션 역할에 혁혁한 가치를 뽐내고 있다.

상황이 이렇다 보니 현재에 이르러 하드웨어와 소프트웨어의 경계는 더욱 명확해졌다. 금액 산정에서도 하드웨어의 벨류를 넘어선 지 이미 오래다. 이제는 시스템 교체가 아닌, 소프트웨어의 생산성과 후 보수 등의 과정이 컴퓨터 결정 간 주요 사양으로 자리 잡았다.

## AI에는 SW가 필요하다

학창시절 발목을 잡아 왔던 수학과 과학 등 주요 섹션들이 사실상 신변잡기적 일상에서만큼은 그다지 유용해 보이진 않았다. 평생을 지내오며 미분이나 역학 에너지 등의 학문을 두고 생활인으로의 활용 가치에 의구심을 품는다면

'뫼비우스의 띠'인양 쉬 접점을 찾기 어려울 듯했다.

하지만 이 같은 학문적 가치는 실생활 저변으로 응당 스며들어 있다. 바로 '논리'의 차원에서다. 곡선상 점 주위를 확대, 또 다른 차원을 접하는 미분의 정체성이라 함은 더욱 깊은 사회적 솔루션을 목표로 둔 '논리를 찾아가는 여정', 다시 말해 '노력'인 셈이다.

소프트웨어 역시 일맥상통한 궤적을 띄고 있다. 4차 산업 혁명이라는 이데올로기적 어젠더 아래, AI시대의 능동적 이해와 자연스런 수용을 위한 필수 불가결한 요소가 바로 소프트웨어라는 것이다.

여기에서 가장 주효한 기술력이 바로 '코딩'이다. 샘플 코드가 무한대로 제공되는 시대임에 주안점을 둘 필요성이 있다. 원활한 코딩 능력 하나로 정보통신 산업 간, 일정 부분에 이르는 해결책 제시가 가능해진 것으로 해석된다.

과거 공룡 기업들의 독식, 또는 그들만의 R&D 구축은 시나브로 뒤안길에 접어드는 추세다. 대신 역량 있는 스타트업으로 하여금 적극 투자를 권장, 이를 통해 개별로의 가치 제고에 나서고 있음이 이 같은 시류를 대변한다.

코딩은 더 내세울 만한 장점이 아니다. 최소한 미래 산업의 시류에서만큼은 베이스일 뿐이다. 이제는 총체적으로 바라봐야 할 당위가 있다. 프로그램 언어 습득을 넘어 개별의 언어를 유기적으로 연계할 수 있는 능력, 다시 말해 '유연하되 촘촘한 사고'가 무엇보다 요구되는 시점이다.

스스로 알아서 척척
'스마트'해진 우리집

# 사물인터넷
# 전자기기의 '밑바탕' 되다

'신혼의 재미'라고 마인드 컨트롤을 해보자. '피할 수 없다면 즐기자'라는 게 말처럼 쉽진 않겠으나 큰 행복 대신 소소한 신혼의 행복을 '하나하나씩 늘려가는 세간' 정도로 우선 만족한다. 작은 집에 꽤 오랜 시간을 두고 꾸짓꾸짓 채워가는 살림용품들이야 말로 어제는 비록 힘들었으나 오늘은 기쁨이며 내일은 더 행복할 것이라는 희망이다.

이 같이 소박해마지않던 행복도 점차 진화하고 있다. 바로 사물인터넷[IoT]의 기술력이 투영된 '스마트 홈'의 이름으로 눈높이를 한껏 높여간다. 비록 작은 집이지만 스위치, 조명, 전자기기들이 원스톱으로 연결된 이른바 '토털 제어'가 가능해짐은 물론, '가전제품의 인공지능[AI]화'가 가속화함에 따라 파생된 '스마트 가전'은 '고급형 부가 기능'이 아닌 '통상적 기본 사양'으로 대두 되는 시점이다.

와이파이 기술로 가정 내 비치된 전 가전제품을 컨트

롤 해간다. 빅데이터의 활용으로 말미암아 수집된 가전 정보를 능동적으로 발현, 이를 통해 최적의 편의를 제공하는 '네트워크 플랫폼'이 대중 속으로 들어왔다.

## 스마트 냉장고

음식 보관을 위함이었다. '냉매'를 이용한 적정 온도를 유지함으로써 식품의 신선도 제고와 디자인적 측면만을 십분 강조한, 여기에 덧붙이자면 집안 내 가전제품 중 가장 덩치가 큰 세간 정도가 이제껏 각인된 '냉장고'의 이미지였다.

　하지만 냉장고도 똑똑해진다. '스마트 냉장고'의 이름으로 개명 뒤 과거의 구태를 탈피하고자 시도한다. 앞서 일률적 유지에만 국한됐던 '온도 제어 기능'이 식료품의 성질에 따른 적정 보관 온도를 알아서 검색, 냉장고 외부 모퉁이에 설치된 모니터를 통해 제시한다.

　실제 '마요네즈'의 경우 고온에선 분리가 되고 저온에서는 얼어버리는 성질을 지니고 있는데, 냉장고 적정 온도인 5도 이하에서 마요네즈를 보관 시 세균 번식의 가능성이 높아지는 것으로 알려진다. 이 밖에도 방울토마토, 알약 등의 식품들도 냉장 보관은 금하고 상온[10도 이상] 보관을 권장한다.

김치 냉장고에도 IoT의 기술력이 깃들어있다. 기본 냉장고의 사이드 가전 혹은 김치 등 특수 식료품의 특별한 관리 및 유지를 위한 김치 냉장고에 IoT를 접목, 도어에 장치된 터치 스크린으로 더욱 전문적인 보관과 숙성 기능을 소비자에게 실시간으로 공유한다. 그날의 기상 정보와 시간을 알려주는 기능은 덤.

특별한 이들의 특이해마지 않은 전유물 정도로 인식되던 '차량용 냉장고'도 최근 캠핑 인구와 여흥을 즐기려는 이른바 '워라벨족'의 급증과 맞물려 큰 호응을 얻고 있다. 운전자의 스마트폰 애플리케이션과 차량용 냉장고를 IoT에 연결, 그간 입력해 둔 운전자의 쇼핑 목록을 빅데이터화의 과정을 거친 후 분석해내는 기능이 최근 선을 보였다.

설혹 데이터가 없는 경우라도 차량 내 부착 된 각종 센서들이 운전자의 소비 패턴과 그간의 동선 등을 파악, 그 자체로의 식재료 구입 시뮬레이션 등을 그려낸 후 운전자의 식품 구매 니즈를 실시간으로 감지해 낸다.

식품 운송 간에도 스마트 냉장의 똑똑한 관리는 계속된다. 식품 배송의 관건은 바로 '식품의 변질 여부'다. 외부 날씨 및 습도의 영향도 있겠지만, 차량 내부에서 발생하는 각종 열기로 말미암아 식료품이 부패하는 경우 역시도 왕왕 발생한다.

실제 무더위 아래 1시간 이상 주차된 차량의 내부 온도는 50~70℃에 육박하다. 만약 운행 중이라면 각종 실린더의 운동과 동력에 의해 발생된 열과 합쳐져 차량의 온도는 약 100도에 까지 이른다. 참고로 식품 개별의 성질에 따라 다르겠지만, 통상 25도 이상의 상온에 노출된 식품은 부패 또는 변질이 빠르게 진행된다.

이 같은 폐해를 일정 부분 상쇄시키기 위해 식료품 적재 시부터 도착지 운송 시점에까지 소요되는 예정 거리 및 (도착) 예상 시간을 알려주는 네트워크 시스템이 도입을 앞두고 있다. 운전자는 도착 시간을 사전에 득함으로써, 운행 간 식료품의 신선도 유지를 위한 최적의 온도 및 습도 등의 제반 사항을 미리 체크·제어한다.

일일이 손으로 ON/OFF를 컨트롤할 필요도 없다. 차량 운행이 없을 시엔 제어 기능 역시 종료된다. 이 냉장고는 차량 내부가 아닌 트렁크에 설치됨으로써 공간의 제약도 덜 받는다.

## 스마트 세탁기

대한민국 세탁기의 시발은 지금으로부터 51년 전인 1969년으로 거슬러 올라간다. 당시 G사의 마크를 달고 대중에 선보인 세탁기가 반세기가 지난 오늘 IoT, 빅데이터와의 콜라보를 통한 '스마트 세탁기'로 군웅할거 하고 있다.

세탁기는 크게 드럼형과 일반형으로 나뉘는데, 이는 세

탁기 입구 위치에 따름이다. 우리나라의 경우 전기 소모가 상대적으로 덜한 '와류식' 세탁기가 조금 더 각광을 받는다. 와류란 세탁판이 회전하며 만들어지는 (세탁) 물줄기로, 와류식 세탁은 세탁조 내 회전판에서 생기는 물살로 빨랫감을 비벼 빠는 방식이다.

세탁기는 다른 가전에 비해 개별의 살림 사정에 따라 그 니즈가 판이하다. 1인 가구의 경우에는 소형을 선호할 것이고, 면역력이 약한 유아를 키우는 가정에선 '삶는 기능'이 추가된 세탁기가 선택의 주요 사양이 된다.

스마트폰으로 집안 내 가전을 제어한다는 것이 신변잡기의 일상이 돼버린 요즘, 세탁기 역시 스마트폰에서 다운받은 앱을 통해 세탁 과정의 실시간 확인이 가능해짐은 물

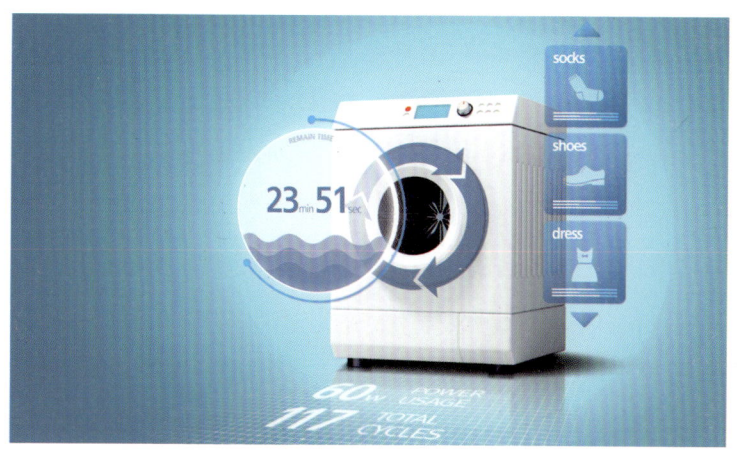

　론, 인근 빨래방과의 네트워크 연계를 시도함으로써 '원스톱 예약' 기능을 현실화 했다.

　이와 더불어 수 만개에 이르는 축적 데이터를 품은 빅데이터가 세탁물에 따른 최저의 물 온도와 (세탁) 코스를 수작업이 아닌, 세탁기 내부 장착된 센서를 활용한 '능동적 세탁 컨트롤'에 한발 더 다가서려는 모양이다.

　이 밖에도 세탁물 상태 확인 센서, 진단 등의 기능이 추가, 세탁기 오작동 시 연결된 스마트폰 앱을 통해 상시 확인이 가능해짐을 물론, 옷의 재질 등을 알아서 취합 후 그에 맞는 세탁 프로세스가 발현되는 등, 사람의 단순 조작을 넘어 세탁기 차원으로 구별하는 기술이 상용화를 위한 마지막 담금질에 매진하고 있다.

## '스마트' 에어컨·TV·침대

스마트의 캐치프레이즈는 '스스로 학습'이다. '스마트 에어컨'은 소비자의 패턴과 환경, 집안 내 습도, 온도, 미세먼지 등의 사항을 일일이 체크·파악한 뒤, 이에 맞는 최적의 온도를 집 내부 곳곳에 공급한다.

'스마트 TV'의 본질은 '다기능'에 있다. 기본적으로 TV와 PC의 결합으로 설명할 수 있는데, 여기에는 스마트폰이라는 매개가 연계점으로서 역할을 톡톡히 해내고 있다. 단순 방송 청취를 넘어 TV에 인터넷 기능을 결합, TV를 통해 인터넷 검색을 하고 SNS를 활용하며, 각종 VOD를 시청하는 일련의 과정들이 스마트 TV가 지닌 모멘텀이다.

'침대는 과학이다'라는 고전의 멘트가 이제는 현실이 됐다. 침대에 장착된 스마트 시스템이 수면자의 취침 패턴을 넘어, 수면 중 체온과 혈압, 심지어 맥박까지 체크해 냄으로써 최적의 잠자리를 제공한다.

이외에도 침대 위에서 웬만한 여가활동이 가능하게끔 스크린과 스피커가 부착된 '엔터테이너 침대'가 단일 상품으로 출시되는가 하면, 각종 알람 기능과 수면자의 체형 분석을 시도함으로써 안락한 수면을 유도하는 '인공지능 침대'가 출시를 앞두고 있다.

## 안전한 스마트 가전 활용을 위한 TIP

일장일단이라고 했듯이 스마트의 편의 뒤에는 정보 유출이라는 리스크가 항시 도사린다. 편의성이 담긴 스마트 가전에 안전성을 가한다면 더욱 안정감 있는 인공지능을 접할 수 있을 터다.

우선 스마트 가전 개별로 설정된 비밀번호는 상시 교체해주는 것이 좋다. 또한 해킹 프로그램이 잠식된 프로그램은 곧바로 삭제해두는 습관을 길러야 한다. 특히 수·발신자가 명확한 'e-메일' 등에서 해킹 프로그램이 곧잘 전해지곤 하는데, 출처가 불분명한 메일은 열어보지 말고 지우는 것이 안전하다.

'휴먼테크놀로지'가 미래사회의 공상이 아닌 현실 사회의 일상으로 자리 잡은 오늘이다. 인간으로 말미암아 발현되던 AI 기술력이 AI 자체로의 서버를 구축, 스스로 제어, 스스로 통제, 스스로 업데이트되는 이른바 '자율의 극점'을 향해 진화하고 있다. 과거 세탁기와 냉장고 등 가전제품의 처녀 출현에 우리는 편의를 맛본 반면, 기계 문명에 종속될 '파괴적 속성'이라며 지레 겁을 먹기도 했다.

하지만 이미 인간의 손을 떠나버린 오늘날의 '스마트 기술'은 어머니의 고충을 일거에 해소할 '가사노동의 자동화'를 꾀한다. 이는 파괴에다 '혁신'을 얹힌 '파괴적 혁신'이라 지칭하기에 절대 과하지 않다.

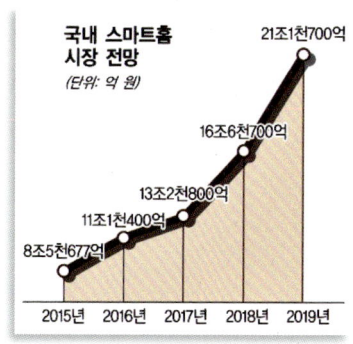

# 세계를 주름잡는 IT기업들

# 지금은 IT시대
# 코리아 '잇 아이템' 필요해

　수만 번 들어와 마치 관용구처럼 변질해 버린 말, "4차 산업 혁명의 시류가 거세다." 발 빠른 곳에선 벌써 '5차 산업'에까지 눈을 돌리고 있다. 4차 산업이 인공지능$^{AI}$과 정보의 총아라면 5차 산업은 경제적 산출의 극점을 찍어낼 4차 산업의 업그레이드판 정도로 이해해 보자.

　우리는 1, 2, 3차 산업을 떠나보내며 농업, 수산업, 산업, 서비스업 등 개별의 모멘텀을 형성해왔다. 언제나 그랬듯 처음은 항시 불안하고 초조했다. 하지만 결국엔 그와 같은 불안 요소가 켜켜이 쌓여 다음 차원의 산업을 더욱 공고히 하는데 시금석이 됐다. 그런 가운데 지금의 '디지털 문명'과 마주하기에 이르렀다.

　이번 연재를 통해 어쩌면 과할지도 모를 '타산지석'의 장이 열리길 바란다. 가깝지만 그렇다고 쉬 가깝기만도 힘들법한 3국의 '정보통신' 현황을 간략히 요약·열거하고자

한다. '지피지기'까진 아닐지언정, 최소한의 '개념 정립'은 시도해보자는 의미다.

## 미국의 FAANG 기업들

GDP 약 21조, '단일성'을 포기하는 대신 '연합국'을 자처한 세계 최고의 강국이다. 이같이 복잡해 마지않은 미국의 경제 상황을 단 한 단어로 요약할 수 있다면 과연 믿을 수 있는가. 'FAANG'. 이 쌈박한 단어 하나가 21조에 이르는 미국 내 전체 GDP 중 10% 이상을 차지한다.

FAANG는 미국을 대표하는 대기업들의 앞 글자를 딴 '약어'다. 바로 '페이스북', '아마존', '애플', '넷 플릭스', '구글'이 그것. 각 기업의 시그니처만 뽑아 간략히 소개를 하자면, 세계 최대의 소셜 네트워크 서비스 페이스북, 미국 최대의 전자 상거래 IT기업 아마존, 전자제품 제조회사인 애플, 온라인 동영상 스트리밍 서비스가 주력인 넷 플릭스, 인터넷 광고와 검색, 클라우딩 컴퓨터를 제공하는 구글 정도로 정리해볼 수 있겠다.

하지만 그간 미국 경제를 좌지우지 해온 이들 기업들도 일몰의 기운을 감지하고 있다. 미국 내 유력 언론에 따르면 지난해 상반기 시가 총액 4,500조 원을 기록한 FAANG이 최근 1년 새 500조 이상의 급락세를 보였다.

여러 사유가 꼽히지만 가장 우선시 되는 건 그간 이들 기업을 모티브로 성장한 신생 업체들이 이제는 '아류'가 아닌 '경쟁사'로서의 면모를 시나브로 갖춰 간다는 데 있다. 특히나 페이스북의 경우 '공유'와 '사생활 침해'의 이중적 잣대에서 영원히 자유로울 수 없다는 맹점이 상존, 일례로 최근 (페이스북) 이용객 수천만 명의 개인 정보를 유출한 혐의가 드러남에 따라 (기업 입장에선) 씻을 수 없는 명에를 지게 됐다.

이로 말미암아 새로워야 하는 혁신이 되레 '피로감'만 증폭한다는 시각이 곳곳에서 감지되고 있다 여기서 인간 본연의 '본능적 측면'이 드러난다. '대체'에 관한 갈구가 바로 그것인데, FAANG의 후속으로 '어도비'와 전통적 강호 '마이크로 소프트'가 또 다른 '(미국 내) 경제 모멘텀'으로의 군웅할거를 준비하고 있다. '소프트웨어 산업'의 재등판 정도로 이해하면 무리가 없어 보인다.

어도비는 컴퓨터 그래픽 소프트웨어 기업이다. 우리가 흔히 접하는 '포토샵'과 '글꼴' 등을 생성해 낸 업체로, '새 기능', '또 다른 제작', '새로 탄생한 애플리케이션'의 캐치 프레이즈로 말미암아 미국 소프트웨어 업계의 견인차 구실을 톡톡히 해내고 있다.

　세계 최고의 갑부 '빌 게이츠'로 대변되는 마이크로 소프트. 지구상 최대 규모의 하드웨어와 소프트웨어를 제작하는 기업으로, 우리에겐 너무나 익숙한 '윈도우'의 원류다. 2019년 전 세계 세 번째로 시가 총액 1조 달러를 달성했다. 참고로 1조 달러의 한화 가치는 약 1,200조 정도로 추정된다.

## 중국, 벤치마킹 대상으로 거듭나

우선 대국<sup>大國</sup>임에는 부정할 수 없다. 인구로 보나 땅덩어리로 봐도 크기는 확실히 크다. 사실 '메이드 인 차이나'라는 인식이 썩 좋지만은 않다. 워낙 많이 찍어내다 보니 '희소성' 부분에서 지극히 '감점' 요소다.

그러다 보니 그간 세계시장에서 중국의 정보통신기술은 평가 절하되기 바빴다. '샤오미'는 '대륙의 실수'라는 별칭과 더불어 '애플의 아류'라는 낙인이 찍혔고, '텐센트'는 '서비스 차용'에만 성패를 건, 또 '알리바바'는 여차저차 해도 '중국 내 위치한 전자상거래 기업'이라는 선입견이 팽배했다.

하지만 중국의 아류화 작업, 다시 말해 '카피캣'이 세계 시장으로의 부푼 도약을 준비하고 있다. 그간의 카피캣은 그 자체로 비아냥의 함의를 품어왔다. 사전적 의미론 '시중에 잘 팔리는 제품을 그대로 베껴 재생산하는 작업'을 의미한다.

중국의 카피캣 기술은 이제 뱀을 용으로 재탄생 시키는 신묘함을 장착하기에 이르렀다. 다시 말해 중국의 카피 산업이 곧 세계 정보화 통신 시장의 시류를 대변하는 것도 모자라, 중국을 폄하하기 바빴던 유럽 국가에서 되레 중국의 사업 프로세스를 '재 카피'하는 수준에까지 도달했다. 어제의 아류가 오늘의 '벤치마킹 대상'으로 탈바꿈한 셈이다.

실제 샤오미는 대륙의 실수를 넘어 '대륙의 실력'을 상징하는 아이덴티티로 성장했다. '박리다매'를 근간으로 제한된 홍보(신비주의), 월등한 가성비, '빅데이터'의 활용, 시쳇말로 고객을 조급하게 하는 '헝거 마케팅' 전략이 성공의 주요 요소로 꼽히고 있다.

여기서 말하는 헝거 마케팅이란 한정된 물량만을 내놓음으로써 소비자의 구매 욕구를 극대화 하는 마케팅 기법 중 하나로, 쉬운 사례로 홈쇼핑에서 자주 사용하는 '마감 임박', '한정 수량' 등의 홍보 멘트 등이 헝거 마케팅의 시그니처 중 하나다.

## 과학 교육 탄탄한 '일본'

일본 언론이 연일 뜨겁다. 이는 일본인 '요시노 아키라'의 노벨 화학상 수상에 기인한다. 일본의 화학자이자 엔지니어인 요시노 박사는 '리튬 이온'의 발명(공동개발)으로 말미암아 일본 IT 혁명의 선구자로 등극했다.

우리에겐 휴대폰 배터리로 익숙한 리튬 이온은 현존하는 금속 중에서 가장 라이트 하다. 그 밖에 용량, 전압, 각종 성능 면에서도 (여타 금속 대비) 탁월함을 보인다. 리튬

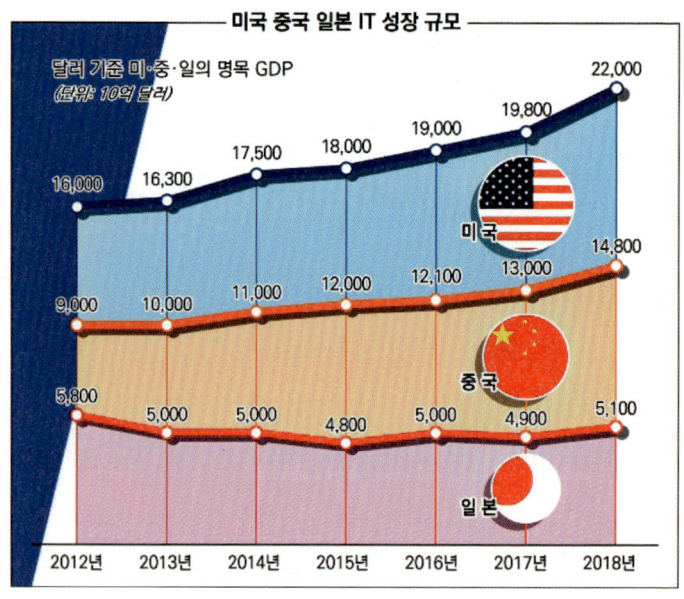

이온의 배터리는 크게 양극, 음극, 분리막, 전해액의 4가지 구성 요건을 지닌다.

일본의 이 같은 성과는 '교육'을 통한 '총체적 체질 개선'으로 설명된다. 실제 정보통신 제고를 위한 일본의 교육열은 가히 고무적일 정도로 열성이다. IT를 위시한 각종 프로그래밍 기술이 일본 정규 수업 과정의 필수 과목으로 자리 잡은 진 이미 오래다.

일본 내 최대 규모의 통신 기업으로 성장한 '소프트뱅크'. 시가 총액 1천 억 달러를 상회하는 소프트뱅크의 역점 사업으론 통신과 투자, 야구단, 애플리케이션, 액세서리 등으로 요약할 수 있다. 한국계 재일 동포가 오너인 덕분에 우리에게도 익숙하다.

소프트뱅크에게 4차 산업으로 말미암아 파생될 직업의 감소, 이를 통해 발발 가능한 '잉여 인간 양산'의 디스토피아란 결코 도래하지 않을 기우<sup>紀憂</sup>일 뿐이다. 이 지점이 바로 '대체의 영역'이다.

로봇 비서가 천편일률적 단순 업무를 영위할 적엔 사람 비서는 더욱 창의적 영역으로의 고찰을 시도해 볼 수 있다. 여기에서 소프트뱅크의 주요 철학 중 하나가 드러난다. 인간과 AI의 관계론적 사고인데, 이 둘의 연계를 괴리로 보지 않고, 적절한 연계를 통한 '융합', 이를 통해 발산되는 전방위적 산출 효과를 다름 아닌 선한 의미의 '시너지'로 보는 시각이다.

# IT 걸음마 수준 '한국'

대한민국은 전통의 '인터넷 강국'이다. 인터넷 이용률이 전체 인구의 90%에 육박하며, 다운로드 속도는 약 130Mbps로 홍콩에 이어 4번째다. 모바일 다운로드 속도도 세계 10위권 내 수준에까지 이른다.

하지만 이 같은 환경이 무색할 만큼 대한민국의 정보통신 기술력은 아직 걸음마 수준이다. 물론 앞서 언급한 미국, 중국, 일본 등의 강대국들과 비견해서다. 훌륭한 제반을 토대로 양질의 터닝 포인트를 꾀해야 할 책무, 우리 모두의 몫이다.

바야흐로 클라우드와 AI의 시대다. '지배'라는 말은 결코 배제하리라. 다만 인간으로 말미암아 제어될 '자동화'의 세상이 우리 앞에 펼쳐진 셈이다. AI의 발전은 곧 유망 벤처 기업의 성패를 좌우할 '벤처캐피털'을 굳건히 함과 동시, 실패를 기회로 보듬어 줄 '여유'를 선사할 것으로 기대한다. '부드러운 융화'를 꿈꾼다. 다름 아닌 '소프트웨어'와 인간의 '적절한 뒤섞임' 말이다.

# 인공지능 예술에 도전하다

# 데이터 분석해 초상화 쓱싹
# 진동·음역 통한 음악 창작도

'인생은 짧고, 예술은 길다'고 했던가. 그러고 보니 '사후 재평가'라는 쓸쓸함이 유독 예술인들 사이에서만 가혹히 투영된 듯하다. 자신의 귀를 잘라낸 '고흐'가 그러했고, 은박지에 시를 써 내려간 '이상<sup>김해경·金海卿</sup>' 역시도 '비운의 천재'라는 유쾌하지 않은 타이틀로 사후 주목받고 있다.

사실 이번 연재는 유독 조심스러웠다. 인공지능 시대, 소위 '언터처블'로 부각되던 예술의 영역에 AI를 접목함이 혹 어불성설로 비치지 않겠냐는 우려에서다. 신산업 창출과 잉여 인간 양산이라는 AI 특유의 이항대립 속, 감성을 표출하는 예술 영역은 성직자와 더불어 '불멸의 직업군'으로 분류된 것 또한 사실이다. 다시 말해 '직업적 자존감'이 선명했다.

하지만 한 가지 확실한 건 '인간의 영역'은 확고하다. 십만 내외의 인공 신경망과 수천억에 이를 인간의 뉴런은 사실상의 비교 대상이 아니라는 점에서다. 측은지심과 더불어 상생하고자 하는 선한 마음이야말로 인간 고유의 영역임은 그 어떤 혁명적 산업군이 휘몰아친들 결코 부정할 수 없는 '팩트'일 것임이 자명하다.

단지 예술과 AI의 접목을 통해 분업화 전략을 꾀하자는 것이다. 감성은 인간의 몫으로 남겨두되, AI의 섬세함이 감정에 깃듦에 따라 또 다른 예술적 가치 창출에 의의를 두는 것, 이것이야말로 이번 연재의 방점일 것으로 보인다. 물론 평가는 여러분의 몫이다.

## 머신러닝 기술로 학습을 하자

쉽게 접근해 볼 필요가 있다. 예술과 AI는 개별의 특성을 넘어 워낙 특출한 범주인지라 욱여넣는다고 쉬 접목되기엔 갈 길이 멀어 보인다. 우선 우리가 흔히 접할 수 있는 '컴퓨터 애니메이션'의 영역부터 되짚어볼 필요가 있다.

여기에는 기본적으로 '머신러닝'의 기술력이 투영돼 있다. 머신러닝은 AI 분야 중 하나로, 인공신경망 기반의 '기계학습'으로 통칭한다. 특히 이미지 인식 분야를 훑어보면 단순 이미지 종류를 캐치해 냄을 넘어, 이미지의 전반적 분위기와 이에 따른 문장 생성의 수준에까지 현재 이르렀다.

이 같은 기술력의 발전으로 렌더링 시간은 절감됨과 동

시, 다각화된 장면은 머신러닝의 기술로 신속하되 한층 더 '리얼리티'한 구현이 가능해졌다. 과거 인간의 손을 빌려야 했던 요소들이 머신러닝과의 분업을 통해 정교함은 제고됨과 동시, 아티스트는 창의력에 집중하다 보니 표현 범주가 더 넓고 깊어졌다는 해석이다.

다시 말해 예술과 AI의 조합은 아티스트와 컴퓨터 전문가의 상호 조력 정도로 이해해 보자는 것이다.

최근 뉴욕 경매장에 한화 가치로 5억 상당에 이르는 초상화가 판매됐다. 유명 작품들이 수십억 원을 호가하는 경우가 다반사인 이곳 경매장에서 5억이 대수일까 싶지만, 되짚어 보면 사정은 달라진다. 이 초상화는 다름 아닌 AI 기술력으로 탄생한 작품이다.

작품의 출처는 파리의 한 예술 단체로 알려졌다. 여기에는 두 개의 분리 신경망으로 구성된 'GNA 알고리즘'의 기술력이 깃들어 있다. 원리를 살펴보면 두 개의 신경망 중 하나는 이미지 생산 역할을 하고, 또 하나는 생산된 이미지를 대상으로 식별하는 기능을 한다.

이 모든 것이 데이터를 기반으로 두는데, 생산자가 이미지를 생성해내면 식별 프로그램은 기존 그림과 생성 이미지의 싱크로율을 면밀히 분석, 최대치의 근삿값을 도출 후, 이를 확인해 낸다.

이와 유사한 궤적으로 중세시대 풍의 초상화를 실시간 재현해내는 AI 기술력이 화제를 모으고 있다. 우선 재현을 원하는 이용자가 관련 이미지를 올려두면 알고리즘이 이미지 개별의 화풍 및 질감 등을 분석해 낸다.

이렇게 분석된 데이터를 토대로 화풍에 맞는 물감과 잉크 등을 취사 선택, 이후 올려진 이미지에 걸맞게 AI가 모방해 내는 기술력이다. 이를 두고 혹자는 AI 초상화를 모방이 아닌 '재창조'라고 일컫는다. 그도 그럴 것이 원본 이미지는 최대한 훼손치 않되, 작업 과정은 확연한 개별성이 있음에 기인한다. 다시 말해 원 그림을 재해석한 '새로운 이미지 창출'이라는 풀이로 보면 된다.

얼마 전 개봉한 10분가량의 공상과학 영화가 대중의 이목을 집중 시킨 바 있다. 우주정거장을 배경으로 한 여자를 둘러싼 두 남자의 이른바 '삼각관계'를 그린 영화였는데, 평범한 스토리였음에도 사람들의 평가는 극명했다. 다름 아닌 이 영화의 모티브가 AI 기술력으로 탄생한 시나리

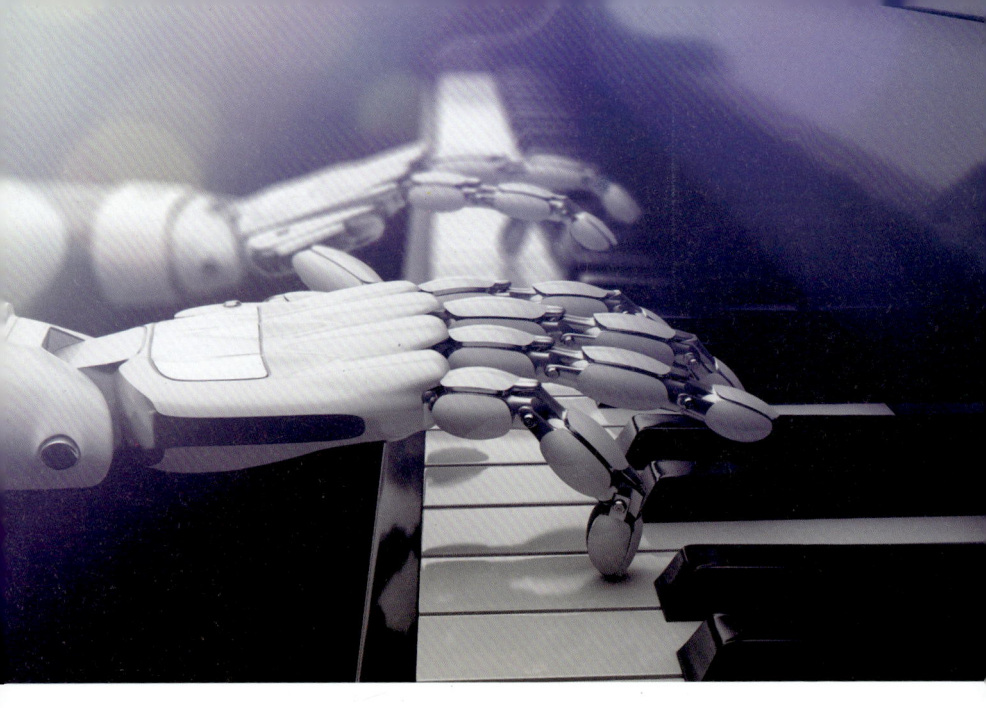

오였기 때문이다.

    사실상 인간 특유의 섬세함은 부족했을 터, 스토리 상 연계성 부족 등을 지적하는 목소리이면, 어찌 됐건 인공지능 역시도 '창의'의 영역에 접근할 수 있다는 일장일단의 고무적 성과에 주목하고 있는 것 또한 사실이다.

    음악 분야에서도 AI와 적절한 콜라보가 눈길을 끌고 있다. 대한민국 유수의 기획사와 스타트업 기업이 의기투합, 다소 독특한 주제의 음악이 최근 대중에게 선보였다.

    여기에는 '반대개념'이 적용된다. 흘러나오는 음악으로 그 배경을 꾸미고 분위기를 설정하는 것과는 반대로, 배경 자체서 나오는 자연의 음향으로 공간을 채우는 작업. 다시 말해 바람 소리, 물소리, 키보드 두드리는 소리 등을 마이크에 담아, '백 그라운드 뮤직'이 아닌, '환경으로부터의 음향·음악'을 구현해 내는 것이다. 여기에는 분위기 증강을 위한 'AR'의 기술력이 더불어 가미된다.

AI 개별로의 음악 생성도 가능해진 시대다. 물론 여기에는 인공지능 개발자와 아티스트의 콜라보가 전제돼야 한다. 인간은 음악을 감지하는데 주관적 감정을 싣는다. 반면 AI는 음악에서 흘러나오는 진동과 진폭, 음역 등을 데이터화한 후 이를 배열해 음악을 창작해낸다.

AI와 블록체인의 융합도 이채로운 행보를 보인다. '예술품 블록체인'의 이름으로 개설된 이 플랫폼은 블록체인 기술을 적용, 공동구매의 형식을 띤 투자 플랫폼이다. 여기서 AI는 예술품에 관한 다각적인 정보를 분석, 이를 빅데이터화 한 후 회원들로 하여금 각종 트렌드를 공유한다.

## 예술은 영원하다

장르부터 생소한 '개념 미술'. 개념 미술은 기존 예술에 투영된 관념을 배제한 채, 완성작보다는 완성을 위한 아이디어 생성 과정을 또 하나의 예술로 정의 내리는, 다시 말해 작품 자체가 아닌, 작품 도출을 위한 인고의 시간을 진정한 작품이라 여기는 다소 신개념 아트 형식이다.

개념 미술의 상징적 인물로 대변되는 '마르셀 뒤샹'의

'샘'이라는 작품이 첫 전시됐을 때 작가는 관람객들로 하여금 갖은 힐난을 감수해야만 했다. 여기서 샘이란 소변기를 의미하는 것으로, 뒤샹은 소변기를 떼다가 그대로 전시장에 내놓았다.

뒤샹에 따르면 예술은 작품으로서가 아닌, 예술가 본연의 '생각과 가치'를 의미한다. 관람객의 니즈에 따라 예술적 밸류가 매겨짐은 어불성설, 예술가의 기술적 능력에 앞선 관념, 또한 추구하는 이데올로기야말로 예술을 평가하는 가늠자라는 것이다.

딥러닝을 활용해 그려낸 '다빈치'의 그림. 이 그림은 AI가 다빈치의 화풍과 질감들을 면밀히 분석, 이를 빅데이터화 한 후 이에 따른 패턴으로 그림을 재조합, 또는 재창조해내는 기술력이다. 하지만 이는 엄밀히 따져 창조의 영역이라고는 볼 수 없다.

하지만 과연 인간이라고 '순수창작'의 범주에 다다를 수 있을까. 이 역시도 설왕설래를 거듭해야 할 넌센스 중 하나다. '모방은 창조의 어머니'라는 다소 원론적 관용구는 차치하고라도, 아티스트 역시 여타 예술가들의 다채로운 작품들을 감상, 습작해본 후에야 자신만의 화풍이 비로소 드러나게 된다는 것이다.

다시 말해 인간 본연의 개성과 성질을 표출해가는 이른바 '모방의 과정'과 AI가 빅데이터를 통해 정규화된 패턴을 취득, 이를 토대로 적용 또는 재조합하는 방식은 어딘지 모

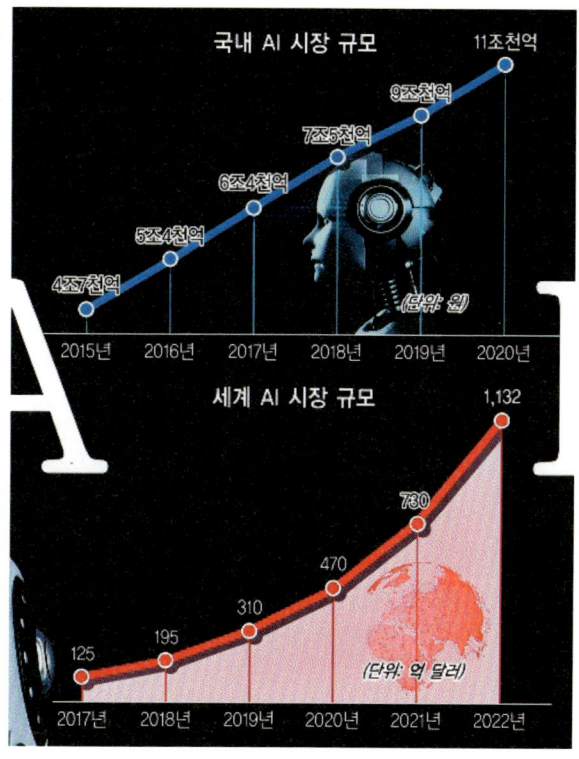

르게 닮았다는 것으로 해석된다. 물론 '뫼비우스의 띠'처럼 접점 모색에 다다르기는 힘들지언정, 최소한 비슷한 궤의 수평은 이룬다는 점이다.

예술은 영원하다고 했다. 다만 AI와 예술의 조합을 단순 선명성 짙은 직업군에 대한 반발 정도로 여길 것만 이 아닌, 조심스럽지만 또 하나의 예술적 장르로 이해해보면 어떨까. 여러 차례 강조해보지만, 어차피 인간을 위함이자 인간으로부터 비롯된다는 사실, 재고해 볼 필요가 있는 문제다.

# 스포츠도 이제 과학이다

# 사이클 타고 홈런 치고 '첨단기술' 만난 스포츠

스포츠는 국력의 바로미터다. 5공화국 시절의 3S 정책을 시사하는 바가 아니다. 국력 신장과 스포츠 산업의 눈부신 성장, 이 둘의 매개는 '현재 진행형'이자 '미래 지향적' 성격을 띤다.

전 분야를 망라, 4차 산업혁명의 조력과 융합의 시류에 거스를 산업 군이 과연 어디 있을까 마는, 스포츠 역시 이제는 과학기술과의 적절한 접목이 필수 불가결한 요소로 자리 잡았다.

과거 스포츠의 아이덴티티는 '육체적 우월'로 순위를 매겨왔다. 노력과 그에 따른 땀의 결실로 승자와 패자가 나뉘었다. 물론 지금의 스포츠 경기도 선수들이 흘린 피와 땀 눈물의 결정체임은 부정할 수 없다.

다만 오늘날 스포츠의 모토는 '과학기술'과의 융합이 전제된다. 선수 개별로의 신체적 관리부터 선수들이 신고 입는 운동복과 신발, 경기장 시설에 이르는, 다시 말해 스포츠 전반으로 최적의 성적 산출을 위한 최선의 IT시스템 투영에 나선다는 것이다.

가장 눈에 띄는 ICT 기술 중 하나가 바로 '빅데이터'다. 축적된 경험 데이터를 방대한 카테고리에 저장, 이를 통해 원활한 공유 기능을 펼쳐내는 빅데이터 시스템이야 말로 스포츠 산업의 가장 큰 변혁이라고 일컬어진다.

각각의 스포츠 에이전시들은 최적의 성적을 내기 위해 선수 개별로의 데이터를 분석, 이를 토대로 개인에 맞는 훈련 전략과 아울러 선수 관리 및 식단에 이르는 '선수 맞춤형 토털 솔루션' 시스템을 적극적으로 도입해가고 있다.

이 같은 빅데이터는 스포츠 클럽의 성패를 좌우할만한 사료로 자리 잡을 터. 이러한 주요 데이터 사수를 위한 보안체계 역시 스포츠 산업의 주요 산물로 자리 잡아 가는 과정이다. 바로 '보안 솔루션'의 이름으로 말이다.

4차 산업의 범람이란 수많은 산업군의 터닝 포인트를 가져다줬다. 시쳇말로 전 산업을 아우르며 IT의 이름을 붙여가는 과정이다. 이것이야말로 초 융합이자, 견고한 연결고리로 재탄생하는 일련의 작업이다.

급물살을 탄 AI의 시류에 온전히 몸을 맡겨보자. 단, 확고한 명분이 필요하다. 바로 AI와의 연결은 '최고'를 위한 '최선'의 과정이라는 것 말이다.

## 한국엔 'e스포츠'가 있다

'IT 강국'의 위상에 걸맞게 대한민국 '스포츠 IT'의 메카는 다름 아닌 'e스포츠'로 점철된다.

각종 모바일 게임을 소재로 한 e스포츠가 AI의 아류가 아닌 독립 산업군으로 확장세를 암시하고 나섰다.

국내 유수의 관련 기업들은 각종 'e스포츠 대회'의 유치를 통해 종주국의 명분을 한 층 더 뛰어넘어 한국을 e스

포츠의 신$^{新}$ 성지로 제고시킬 것임을 각기 방식으로 공언해 가고 있다.

여기에는 e스포츠의 전략적 프로세스가 담겨있다. 모바일게임으로 터닝 포인트를 시도한 e스포츠 산업 간 국내 이용자 확보를 위한 PLC$^{제품\ 주기}$의 연속성에 매진하고 있다는 것이라는 것. 이 모든 것은 브랜드 간 네임 벨류 제고에 방점을 찍는다.

e스포츠 산업의 성장세는 그야말로 눈이 부시다. 이에 힘입어 청소년들을 대상으로 (e스포츠 관련) 직종 체험에 관한 수요 역시도 시나브로 늘고 있다. 이 같은 관심에 기인, 최근 e스포츠 산업 협회와 지역의 한 교육지원청은 e스포츠 산업에 대한 이해도 제고와 단순 흥미를 넘어 직업으로의 e스포츠 체험을 위한 업무협약을 체결한 사례가 알려졌다.

매스컴 등을 통해 흔하게 접할 수 있던 '드론'에 관한 관심도가 나날이 높아지고 있다. 단순 취미생활을 넘어 e스포츠 차원의 드론 활용도 현장 곳곳에서 벌어지고 있다.

기존의 드론은 각종 재해 대비 및 감시를 위한 항공촬영, 위급 상황에 대비한 관측, 유통, 농업 등의 분야에 국한됐다. 이제는 게임 산업에까지 드론의 역할 범위가 점층적으로 넓혀지고 있다.

자국 내 모 스타트업 기업에 따르면, 3차원 모드의 드론 게임을 제작, 전 세계 유일의 드론 게임장 설치를 통해 e스포츠 시작의 또 다른 활력을 불러일으키겠다는 복안이다. 기존 단수 드론을 이용한 경주용 스포츠를 뛰어넘어, 다수의 드론이 동시에 비행을 영위, 게임의 룰도 토너먼트 식으로 사전 지정함에 따라 경쟁을 통한 엑티브를 향유한다. 여기에 하나 더, 드론의 수많은 경기 데이터가 축적된 빅데이터 기술이 투영, 각종 전략과 전술을 자유자재로 펼칠 수 있는 익사이팅은 덤이다.

골프여제의 기세가 만만찮다. 사실 어제오늘의 일도 아니지만, 대한민국 여성 골프는 각종 국제대회를 휩쓰는 이른바 '효녀종목' 중 하나다. 골프와 IT, 이 역시 이채로운 만남이 아닐 터. 골프와 IT 종주국인 대한민국에서 '골프IT'는 그저 자연스러운 현상일 뿐이다.

여기에는 '시뮬레이터' 기술이 숨어있다. 시뮬레이터의 완전한 구현을 위해선 가상현실$^{VR}$이 뒷받침 돼야 할 터. 실

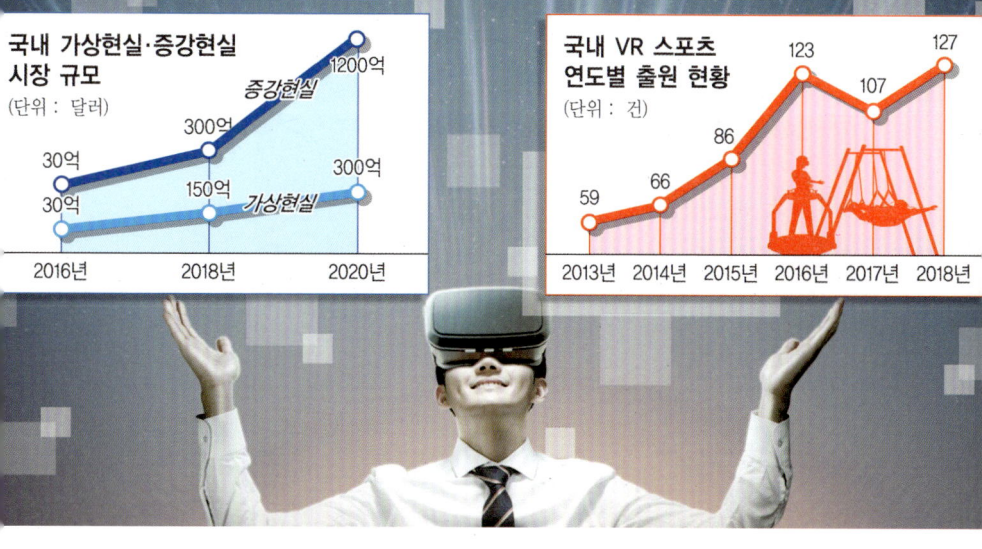

제와 흡사한 골프장 풍경은 물론이거니와, 이를 통해 이용자의 타격 자세와 타구 방향 등의 분석을 시행, 자세교정 및 원거리 확보에 탁월하다는 평가다.

## 홀로그램으로 현실감 있게

스포츠와 IT의 융합 간 '홀로그램'의 역할 또한 쉬 무시할 수 없다. 홀로그램 기술이 십분 적용된 '3D 영상'이 바로 그것인데, 이 같은 기술력은 동적인 스포츠 보다 정적인 종목으로 인식되는, 예를 들어 사격과 낚시 등에 주로 이용된다.

스포츠 선수의 신체에 카메라를 부착한다? 바로 '웨어러블 디바이스'를 의미한다. 부착된 센서를 통해 선수의 동

작과 여러 변수 등을 측정, 이를 토대로 포착된 각종 움직임을 빅데이터화 한 후, 선수들의 자세 교정에 유용하게 쓰이고 있다. 주로 바른 자세가 요구되는 야구, 골프, 당구 등의 분야에서 적극적으로 활용되고 있는 추세다.

　테니스에도 AI 기술은 투영돼 있다. '가상 테니스'는 인공지능 기술을 활용, 이를 통해 선수 또는 사용자의 이벤트를 감지하고 축적한다. 감지된 액션 역시 데이터화한 후, 여기서 파생된 각종 자료 등을 활용, 사용자의 능력치를 캐치 한 후 그에 따른 영상 및 제어 시스템을 신속히 가동한다.

스포츠 경기뿐 아니라 중계에도 인공지능의 기술력은 십분 발휘되고 있다. '초저지연'의 아이덴티티를 품은 '5G'가 바로 그것이다. 유수의 통신사들은 개별로의 5G 기술을 앞세워 스포츠 중계의 新시장 개척에 적극적으로 나서고 있다.

여기에는 5G의 '무선 네트워크'가 주요 기술력으로 꼽힌다. 경기장 곳곳에 설치된 '5G 모뎀'을 활용, 연계된 카메라를 통해 선수들의 경기장 풍경을 스케치하고, 촬영된 영상을 무선 네트워크를 통해 방송사로 송출하는 시스템이다.

바둑계에도 AI 열풍은 거세다. 지난 2016년, 알파고와 인간계 최고수가 펼친 세기의 바둑 대결의 여파는 '바둑과 AI'라는 신풍조를 양산했다. AI가 최신 업데이트된 기보를 풀이해주는가 하면, AI를 매개로 여타 기사들의 기보를 접하고 대국을 펼침으로써 실력 배양에 나선다는 것. 3년 전, 대국 패배의 여파가 절망이 아닌, 아이러니하게도 인공지능과 바둑의 연결고리가 된 셈이다.

## 성장하는 가상현실 스포츠

가상현실 스포츠의 주요 원리는 증강현실[AR]과 가상현실[VR]을 '헤드 마운트 디스플레이'와 공유, 이를 통해 사용자의 몰입도 제고와 현실감 생성을 축으로 한다.

이 같은 가상현실 스포츠의 시장 규모는 지속적인 성장세를 예고하고 있다. 특허청에 따르면, 최근 3년을 기준으로 VR 스포츠 분야의 특허 출원은 360건에 이른다. 이는 200건 정도에 그친 이전 3년간 대비, 70% 가까이 증가한 수치다.

종목도 다양하다. 가장 대중적이라 볼 수 있는 스크린골프 관련은 30%, 사이클 130%, 야구 180%, 수영과 테니스 분야는 350%, 가장 고무적인 낚시 분야는 무려 550%에 육박하는 급증세를 나타냈다.

출원인별로 체크해보면 최근 5년을 기준으로 국내기업은 55%, 개인 26%, 대학 12%, 공동 출원 6%, 외국계 기업 및 개인은 1% 순인 것으로 나타났다. 이를 풀이해보면 출원인 수치가 기업과 개인이 전체의 70%를 차지한다는 점에 기인, 가상 스포츠 시장이 제품화를 기반으로 한 기술 개발에 매진한다는 것으로 나타난다.

불굴의 의지로 불세출의 유격수로 추앙받는 김재박 전 감독, '야구의 과학화'를 이끈 장본인으로 일컬어지는 김 감독은 "야구에서 과학이라 함은 철저한 고증을 통해 심도 있고, 통상적인 지식이 돼야 한다"고 일갈했다.

AI 시대의 개막은 라이프 스타일의 극심한 변화를 요구하고 나섰다. 온고지신溫故知新의 엄중한 지혜는 간과하지 말되, 각 산업과 인공지능의 떼려야 뗄 수 없는 동반자적 관계를 인정해야 할 때다.

　여러 차례 강조해도 모자란 말, AI는 바로 '사람을 위한' 것이며, 스포츠에서의 AI란 최고의 경기력을 최선의 방식으로 최후방에까지 면밀히 살피는 일련의 작업쯤으로 살펴봐야 할 때다. 이와 더불어 스포츠의 경제적 산출을 극대화하기 위한 '보루'이기도 하다는 점, 잊어선 안 될 것이다.

　침대만 과학이 아니다. 이제, 스포츠도 과학이다.

# 픽션과 팩트 사이 SF영화

# 허구로 만들어진 SF영화?
# 현실이 되어가는 SF기술!

'픽션'은 분명 허구다. 그렇다고 '완벽한 허구'라 하기에 썩 개운치 않다. 영화라 함은 '어쩌다'가 아닌 '어쩌면'을 함의한다. 특히 공상과 과학이 깃든 영화는 응당 현실을 수반한다. 현재를 토대로 미래상을 제시한다는 것인데, 바로 '공상과학영화'의 아이덴티티다.

실제 1980년대 후반서부터 1990년 초반 제작된 SF영화의 주요 소재는 지구 온난화, 핵전쟁, 우주 화 시대 등으로 점철됐다. 당시 영화의 시점은 주로 2000년 중·후반으로 설정되곤 했는데, 현재에 이르러 돌이켜보면 일맥상통한 부분이 적지 않다. 다시 말해 영화는 '픽션'과 '팩트'가 합쳐진 '팩션' 정도로 보는 것이 근접한 정의일 듯.

그간 숨 가쁘게 내달려온 연재 일정이었다. AI와 각종 산업군의 만남을 주선하느라 가일 층 박차를 가해온 날들은 잠시 물린다. 대신 이번 연재는 몇 편의 SF 영화를 소개하고, 가벼운 소회를 나눌 수 있는, 그저 무겁지 않은 시간이 되길 바란다.

## 꼭 돌아갈게 '마션'

우주 세계에서의 '생존'을 그린 작품이다. 이야기는 엔지니어이자 식물학자인 주인공이 화성 탐사 프로젝트의 일원으로 참가하는 시점부터 전개된다. 어렵사리 화성 착륙에 성공한 일행은 그곳에 숙소를 세우고 화성 탐사의 첫발을 내디딘다.

하지만 얼마 지나지 않아 처음이라는 우려가 현실이 된 순간을 맞닥뜨린다. 화성 도착 후 일주일. 모래폭풍이 일기 시작했고, 이로 말미암아 프로젝트의 모든 프로세스는 하릴없이 중단을 맞는다.

이로 인해 주인공은 일행과 떨어져 원치 않는 고립무원에 직면한다. 동료들은 각기의 몸에 부착된 생체 신호 작동이 중단된 것을 확인한 뒤 주인공의 죽음을 받아들인다. 일행은 화성의 먼지로 남을 주인공을 추모하며 그곳을 뒤로한다. 컨트롤 타워였던 NASA 역시 주인공의 죽음을 공식화하기에 이른다.

천운이었을까. 모래폭풍의 여파로 발생한 상처가 되레 공기 유출을 방지, 이로 인해 슈트의 압이 소멸되지 않음에 따라 주인공은 천신만고 끝에 목숨을 부지하게 된다. 이제부터는 생존이다.

바로 이 지점부터 삶의 끈을 부여잡으려는 주인공의 사투가 그려진다. 그에게 남은 건 300일간의 식량뿐. 돌아간 일행은 4년 뒤에나 재탐사를 시도할 것인데 말이다. 주인공은 우선 그간 모아둔 인분을 활용, 화성에서 생성된 흙에 인분을 깔아 거름으로 이용한다.

이제는 싹을 틔우기 위한 물이 필요하다. 주인공은 로켓 연료를 떠올린다. 거기서 하이드라진과 질소를 개별 추출한 뒤, 바닥을 드러낸 수소와의 연소를 통해 물을 퍼 올릴 방도를 찾아낸다.

문제는 불을 피우기 위한 도구가 없다는 것. 주인공은 떠난 일행의 짐 꾸러미에서 나무 십자가를 찾아낸다. 그리고 그곳에 불을 피운다. 비록 폭발은 일어났지만, 우주 헬멧을 착용한 주인공은 또 한 번의 천운을 받아들인다. 물론 연소에도 성공한다.

이로 인해 감자밭을 두르고 있던 비닐에 이슬이 맺히기 시작한다. 그 이슬이 흙과 인분에 스며듦에 따라 감자의 싹이 돋아난다. 이렇게 삶을 영위해 가던 주인공은 수일이 지난 후 NASA의 정밀 위성사진 분석을 통해 생존 소식을 알리게 된다. 의지의 산물이었으리라. 충전되고 있어야 할 로버가 어느 순간 이동해 있다는 사실을 NASA가 뒤늦게나마 발견했던 것이다.

이때부터 NASA는 주인공의 생존과 생환을 위한 구출 작전에 돌입했고, 중국과의 공조를 통해 새 보급선 제작과 신속한 발사를 위한 프로세스에 착수한다. 결국 NASA와 탐사대의 노력으로 주인공은 무사 귀환을 맞이한다.

그들은 포기하지 않았고, 끈을 놓지 않았다. 삶의 의지와 동료애, 그리고 불세출의 감성 '사랑'이라 함은 시·공간을 초월했다.

## 그곳에도 사랑은 있다 '인터스텔라'

　미래 세계의 암막을 보는 듯하다. 인터스텔라의 배경은 분명 디스토피아다. 모래 먼지로 가득한 노란 세상. 황사로 인해 호흡마저 가쁘고, 유일로 생존을 영위했던 옥수수마저도 병충해의 폐해로 소멸될 위기에 봉착한다.

　바로 이때 4차원의 문이 가시화 된다. 더 정확히 말하면 4차원이라기보다는 '모세의 기적'인양 유토피아로 가는 틈새가 열리는 셈이다. '희망의 로드'쯤으로 여겨 보자. 주인공은 당위성이 있다. 바로 '인류 구원'의 차원이다. 이를 위해 그는 자기 사람들을 뒤로한 채 우주 개척의 길을 떠난다. '제2의 지구'라는 시발을 위해 떠날 고독한 여정.

　이 영화의 백미는 '영상미'에 있다. 수십 광년을 아우르는 성간 여행은 SF 영화 특유의 입체미를 선보인다. 별 사이에 발생하는 개별의 성질 탓, 별들은 별도의 시간과 환경을 지닌다. 아름다운 장미 속 날카로운 가시가 상존하듯, 반짝임을 수놓은 아름다운 별나라 여행에는 생사를 걸어야 하는 리스크가 아울러 도사린다.

　공상과학에도 '사랑'은 스며들어 있다. 시기와 시대를 막론하고 사랑은 '불멸의 상징성'을 내재한다. 수십 백 광년을 지나야 할 먼 거리임에도 결국엔 내 고향 그리고 내 사람으로 회귀한다는 것. 아마도 '수구초심'의 본능적 감성이 영화 곳곳에 깃들어 있는 듯하다.

　출발은 디스토피아를 대처하기 위한 대체 세계로의 탐험기를 담아내고 있다. 하지만 종국엔 미지의 범주로 신비로움을 내포하고 있는 우주에 관한 개척과 순수한 열정 그리고 의지를 소개한다. 이 영화에 등장하는 딜런 토머스의 시 한 구절로 영화를 갈음할 수 있을 듯하다. '쉬 어두운 밤을 수용하지 말아야 할 것.'

## 외롭지만 외롭지 않다 '패신저스'

　인터스텔라와 출발 지점은 대동소이하다. 인구는 많고, 땅덩어리는 시나브로 줄어든다. 그렇기에 더 이상의 지구는 좁다. 생존의 위협은 자연스레 '탈 지구화'의 시류를 탄

### 매체별 선호 장르

| 구분 | | 극장 | | | | | | |
|---|---|---|---|---|---|---|---|---|
| | | 합계 | SF/판타지 | 액션 | 범죄/스릴러 | 로맨틱코미디 | 드라마 | 기타장르 |
| 전체 | | 1,889 | 24.9 | 22.8 | 14.6 | 8.9 | 7.9 | 20.9 |
| 성별 | 남성 | 949 | 28.8 | 29.7 | 13.3 | 5.4 | 4.7 | 18.1 |
| | 여성 | 940 | 21.0 | 15.9 | 16.0 | 12.4 | 11.2 | 23.6 |
| 연령대별 | 15~18 | 158 | 23.5 | 19.8 | 15.8 | 9.0 | 5.2 | 26.5 |
| | 19~23 | 190 | 29.1 | 20.6 | 16.8 | 11.0 | 5.3 | 17.4 |
| | 24~29 | 238 | 22.3 | 22.6 | 18.6 | 11.0 | 7.2 | 18.3 |
| | 30~34 | 209 | 23.3 | 19.9 | 13.4 | 15.6 | 6.4 | 21.6 |
| | 35~39 | 227 | 27.9 | 25.3 | 12.6 | 4.0 | 8.5 | 21.8 |
| | 40~49 | 462 | 30.8 | 21.5 | 12.6 | 8.0 | 9.1 | 18.1 |
| | 50~59 | 405 | 17.3 | 27.0 | 14.8 | 7.4 | 9.9 | 23.8 |

(단위: 명, %)

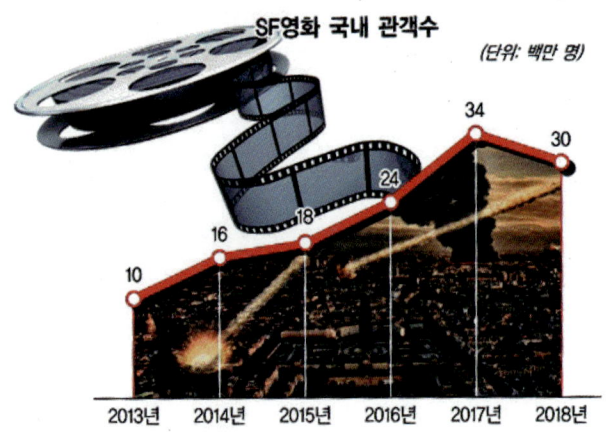

SF영화 국내 관객수 (단위: 백만 명)

- 2013년: 10
- 2014년: 16
- 2015년: 18
- 2016년: 24
- 2017년: 34
- 2018년: 30

다. 이윤을 좇는 기업에선 '우주로의 이주 프로세스' 사업 구축에 벌써 여념 없다. 영화의 배경은 '아발론 호'로 명시되는 우주선이다. 신 행성으로 탈출을 원하는 승객 5천여 명을 싣고 광활한 우주 공간을 비행한다. 도착 예정 시간은 120년 후. 승객들은 겨울잠을 자는 상태로 캡슐에 안착해 있다.

하지만 비행의 과정이 순탄치만은 않다. 아발론 호는 불명의 우주 잔재와 충격, 그에 따른 소음과 파장으로 인해

주인공은 본의 아니게 동면에서 깨어난다. 출발 후 30년이 지난 시점. 도착까지는 아직 90년이나 남았는데 말이다. 아마도 인간 세상에서의 수명으로는 신 행성의 유토피아도 맛보지 못한 채 죽음을 맞이하게 될 것.

다시 잠에 빠지기는 만무하다. 모든 것이 잠들어 있는 그만의 시간. 외로웠고 또한 고독했으며 무던히도 추웠다. 죽음은 알 수 없기에 살아갈 수 있다고 한다. 하지만 소실점에 다다르기 전, 죽음을 필연적으로 받아들여야 하는 운명을 미리 알아채 버렸다면 그 후의 삶은 삶이 아니다.

죽음을 각오하고, 죽기 위한 수단을 연구한다. 하지만 '인명은 재천' 이랬던가. 절망 속 가느다란 삶을 유지해가던 와중 주인공은 '오로라'와 맞닥뜨리게 된다. 거기서 과연 희망을 찾았을까. 이 의문의 답은 관객의 몫으로 남긴다. 다만 최첨단의 디지털 세상이란 결국엔 더불어가 아닌, 혼자만의 고독을 감내해야 한다는 양면성을 주지시킨다. '편의를 좇는 본능'과 아울러 말이다.

## 가족의 재발견 '괴물'

한국 SF 영화의 심벌이자 불세출의 수작으로 일컬어지는 '괴물'을 놓칠 순 없었다. 꽤 시간이 지난 작품임에도 부정$^{父情}$은 부정$^{不正}$할 수 없다는 원론적 의미를 재확인 시켜준 가족 영화다.

　한강 둔치에서 매점을 운영하는 주인공과 그의 아버지, 그리고 사랑하는 그의 딸. 자식들의 '나라'가 되는 그의 이름은 아버지였다. 하지만 인류의 이기로 말미암아 발현된 괴생명체의 출현은 이들의 소박해마지않는 일상을 원치 않는 특별한 그날로 이끌어 낸다.

　괴 생명체의 공격으로 사망자 명단에 오른 딸의 이름을 발견한 아버지 그리고 그의 가족들은 결단코 포기하지 않는다. 위험 구역으로 통제된 한강 유역으로 잠입한다. 그때

부터 딸의 생존 여부를 확인하기 위한 그들만의 사투를 벌인다.

　감독은 말한다. 이 영화는 SF적 기술력을 투영했을 뿐, 단순 공상도 상상력의 산물도 아니다. 괴생명체는 영화를 돋우기 위한 주요 장치, 딱 그 정도다. 괴생명체에 굴복하지 않는 가족애, 그들은 먹먹한 가슴을 묵묵한 걸음으로 대신했으리라. 팍팍한 세상, 헐은 저녁 한 끼에 그저 감사해야 하는 시린 오늘에, 그래도 가족은 말랑했고 풍족하며 따뜻할 것을 믿는다.

# 홀로그램
# 리얼리즘을 추구하다

# 아무것도 없는 허공에 손짓 디스플레이 공간 '탈바꿈'

'생경'과 '생동'의 차이점부터 짚어보자. 우선 '이채로움'과 '리얼리즘'의 괴리쯤으로 여겨질 터. 하지만 여기에 '융합'이 전제한다면 둘 사이의 거리낌은 일정 부분 해소될 것으로 보인다. 바로 가상과 현실$^{VR}$, 증강으로의 현실$^{AR}$, 혼합된 현실$^{MR}$ 등의 이름으로 말이다.

여기에 하나 더 추가해보자. '홀로그램$^{Hologram}$', '가상 리얼리즘'의 극대화를 꾀한다. 홀로그램은 그리스 어로 '퍼펙트'를 뜻하는 홀로$^{Holos}$와 '메시지'를 뜻하는 그램$^{Gramma}$의 합성어다. 다시 말해 '완벽한 정보'를 함의한다.

어원에 걸맞게 홀로그램의 아이덴티티는 완벽에 가까운 리얼리즘에 있다. 시·공간의 제약을 타파하고, 3차원에 이르는 입체 영상을 별도의 기기 없이 재현해 낸다. 이 같은 메리트에 힘입어 홀로그램은 가상 미디어 시장의 극점으로 대두되고 있다.

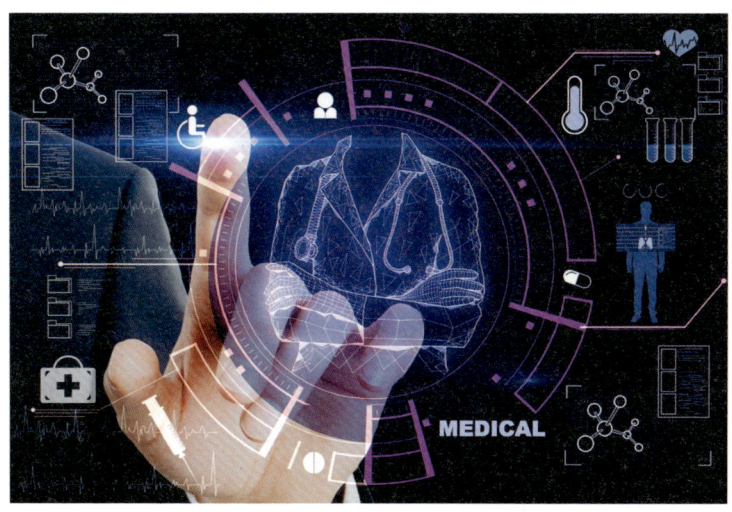

　원리는 예상대로 복잡하다. 기본적으로 '홀로그래피'의 기술력이 투영됐는데, 여기에는 2개 이상의 레이저가 접목된 '간섭 효과'가 적용된다. 이 같은 효과를 이용, 100만분의 1에 이르는 미세한 홈을 파낸다. 파여진 홈으로 인한 빛의 굴절이 이뤄지고, 이 같은 굴절률에 따라 채광이나 각도상으로 가상이 현실로 재현된 듯한 '착각'을 불러일으키게 된다는 것이다.

　기술적 프로세스와 별개로 홀로그램의 상용화에는 아직 갈 길이 멀어 보인다. 이는 곧 홀로그램 구현을 위한 제반 기술력이 미흡하다는 방증이다. 최근 각종 공연과 행사 등에서 프로젝트를 이용, 이를 설치된 막에 투사하여 발생시키는 영상은 엄밀히 따져 홀로그램인 듯하지만 실제 홀로그램은 아니다. 이것이 바로 플로팅floating 방식의 결과물이다.

비록 종착지가 멀리 있을 뿐, 마지막을 향한 여정은 결코 정체되지 않는다. 현재 국내 유수의 대학들과 관련 기관들서 홀로그램 상용화를 위한 연구가 가일층 박차를 가하고 있다.

대한민국 유수의 대학에서 최근 '메타표면' 생성에 성공했다. 메타표면이 빛의 로드를 추적, 이에 따른 투과율과 경로, 스핀 등을 활용함에 따라, 단수가 아닌 복수의 홀로그램 이미지로 하여금 실시간 구현이 가능해 진다는 것이다.

5G의 '초저지연'과 대동소이할 정도로 막힘 역시 없다. 이 같은 기술력이 보강된다면 향후 가상, 증강 현실의 활용도 제고와 아울러 디스플레이 적용 간 보안 솔루션으로의

한 축을 톡톡히 해낼 것으로 기대한다.

한국전자통신연구원은 홀로그램의 해상도 제고를 위한 '픽셀 구조 기술' 개발에 관한 소식을 전했다. 연구원에 따르면 픽셀의 틈과 용량을 마이크로미터$^{micrometer \cdot \mu m}$ 수준으로 축소, 기존 해상도 대비 300배 가까운 높은 해상도 구현이 가능해졌다.

이 같은 기술력의 제반에는 방식의 전환에 있다. 픽셀의 평면 설계를 탈피, 수직 설계 방식을 적용함에 따라, 잉여 면적을 없애고 주요 면적을 줄여냄으로써 간격은 축소되고, 이에 따라 시야각은 최적화 되는 것이다.

현실감은 현실과 다르다. 따라서 현실감을 현실처럼 영위하는 것이야말로 홀로그램의 캐치프레이즈다.

## 신용카드에 홀로그램이?

우리가 흔히 접할 수 있는 것이 신용카드에 부착돼 있는 홀로그램이다. 위변조 방지를 위함으로 빛을 튕겨내는 '반사형 홀로그램'이 카드 하부에 삽입돼 있다. 빛의 굴절에 따라 카드 개별의 심벌을 입체적으로 확인할 수 있다.

홀로그램은 '저장' 기능을 추가한다. 이는 홀로그램의 원리 자체가 다각화된 메시지를 하나의 점으로 나타내는 데 기인한다. 홀로그램의 이 같은 성질은 미세한 부분으로

　도 홀로그램의 전 방위적 형태를 가시화 해낼 수 있다. 용량과 보관 부분에서도 홀로그램은 여타 저장매체 대비 뛰어난 것으로 알려진다.

　서두에서도 언급했듯 홀로그램인듯 홀로그램 아닌 플로팅 기술이 엔터테인먼트 사업의 주요 분야로 자리 잡고 있다. 플로팅의 전신은 하프 미러에 영상을 쏜 뒤, 반사된 빛으로 입체영상을 가시화시키는 기술력이다.

　대표적 사례로 사망한 스타의 생전 영상을 취득, 이를 캡처한 후 3D영상을 재현해내는 '홀로그램 콘서트'가 있다. 과거 스타와 체형이 비슷한 대역 배우의 액션을 캡처, 이를 오버랩 시킨 후, 소프트웨어 기술을 통해 스크린에 장전하면 전성기 모습 그대로의 그 시절 스타가 입장한다.

　광고계에도 홀로그램의 입지는 굳건하다. 국내 유수의 영화관에선 '3D 홀로그램' 기술을 적용, 총 4개에 이르는

LED 조명을 회전시킨 후, 마치 홀로그램 인양 영상을 허공으로 띄운다. 정확히 말하면 띄우는 것처럼 보이게 한다. 광고의 주요 모토인 '집중력 제고' 부분에서 여타 광고 매체 대비 뛰어난 가시성을 자랑한다.

유수의 통신사들은 '홀로그램 전용 극장'의 이름을 딴 각종 라이브 매체를 내놓고 있다. 여기에는 VR 기술이 투영돼 있는데, 음악 방송서부터 야구, 축구 등의 각종 스포츠 경기에 이르기까지 온라인을 통한 입체미를 고객들에게 선사한다. 바로 '실감 미디어'의 리얼리즘을 바탕으로 말이다.

## 가상현실이 진짜 현실처럼

드론과 홀로그램의 융합이라 함은 과연 이채롭기만 할까. 국내의 한 대학에서 드론과 홀로그램을 결합한 '드론 마스터' 개발에 성공했다. 여기에는 장시간 비행이 가능한 기술력이 내제됐는데, 이 같은 비행 기술과 3차원의 홀로그램이 결합, 단순 물류 이송을 넘어 광고로서 메리트를 동시에 취했다는 평가다.

대시보드에서 확인해야 했던 주유량, 속도, 차선 등의 차량 운행 간 기본 사양을 이제는 앞 유리에 비친 정보로 확인할 수 있다. 사실 고급 사양의 차량 사이에선 일정 부분 상용화된 기술력이다. 이 같은 기술의 발로가 바로 홀로그램이다. 헤드업 디스플레이$^{HUD}$의 이름으로.

　HUD의 장점은 단순 기술력을 넘어 '안전성 제고'에 의의를 둔다. 운행 상태 확인을 위해 대시보드로 시야를 옮길 필요 없이 전방 주시가 가능해짐에 따라 사고 위험성이 현저히 줄어든다.

　모델하우스 시장에도 홀로그램의 활용 범주를 넓혀가고 있다. 모델하우스를 찾은 방문객들은 HMD를 착용, 연동된 PC 화면을 통해 집 구조와 각종 시스템 정보를 손쉽게 공유할 수 있다. 이와 더불어 홀로그램 주위의 벽을 스크린으로 차용, 집 내부 구조뿐 아니라 앞서 드론으로 촬영된 모델하우스 주변 입지까지 발품 팔 것 없이 손쉽게 확인 가능하다. 이 모든 것은 응당 '3D 입체 영상' 적용을 통해 극대화된 리얼리즘을 추구한다.

　5G와 홀로그램의 결합도 꽤나 고무적이다. 빠르고 끊어지지 않는 초고속, 초저지연 메리트를 지닌 5G의 본격 상용화 추진에 따라 홀로그램의 입체감은 SF 영화의 단골 소재가 아닌 신변잡기의 일상에까지 잠입했다. 홀로그램과 5G의 콜라보로 일컬어지는 '홀로그램 화상통화'가 바로 그것인데, 내제된 아바타 시스템을 통해 각종 커뮤니케이션, 높은 해상도의 영상통화가 한층 더 수월해졌다.

　오는 9월을 기점으로 기존 6자리에서 7자리로 늘어난 승용차 번호판이 전면 보급된다. 여기에도 홀로그램이 삽입돼 있는데, 이는 신용카드 속 홀로그램 용도와 일맥상통

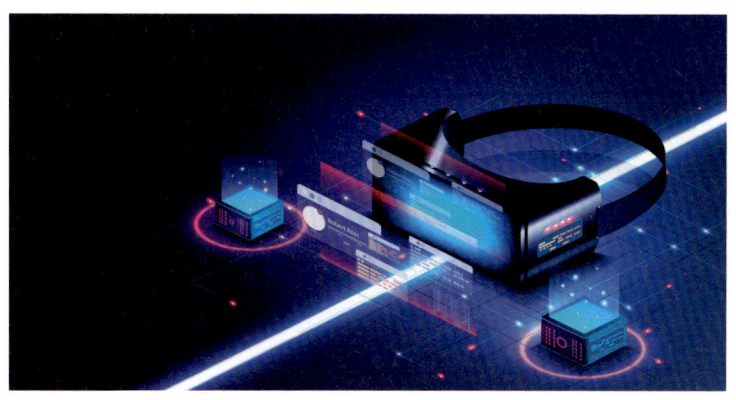

한 위·변조 방지를 목표로 둔다. 'KOR'이 들어간 청색 홀로그램이 번호판 한쪽에 삽입될 예정이다.

## 연평균 14% 성장하는 홀로그램

모든 AI 관련 산업군이 그렇겠지만 홀로그램 역시도 각 분야의 다채로운 가치 제고에 나설 예정이다. 관광에서부터 문화, 광고 등 전 방위적 분야와의 적절한 조화를 통해 신新산업 창출의 교두보 역할을 할 것이라 기대를 모으고 있다.

우리 정부에 따르면 홀로그램은 연평균 14%의 성장세를 유지하고 있다. 이례적일 만큼 고속성장이라는 것인데, 향후 가치로 보면 오는 2025년 국내 기준, 약 3조2천억 원

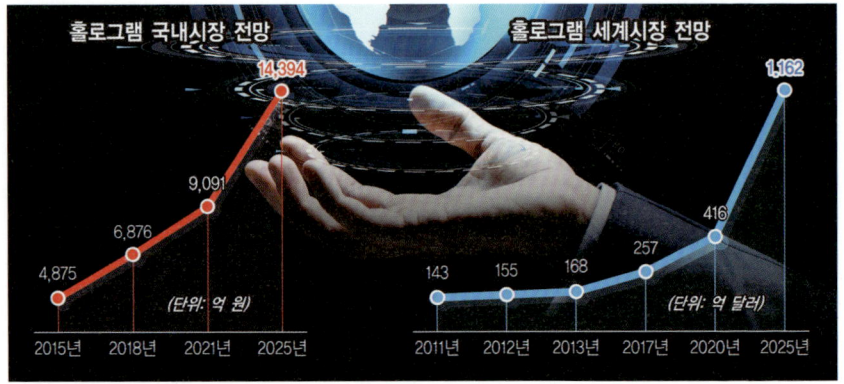

규모로 전망하고 있다.

　홀로그래픽 디스플레이는 가상 현실의 일상화를 추구할 것으로 보인다. 이는 인터넷과 사물의 연계점이 모호해진다는 것이다. 이를 통해 각종 연구, 의료, 제조 등 산업군 전반으로 한 원격회의가 일상화될 예정이며, 또한 이를 토대로 다방면의 경제적 절감 효과가 급부상하고 있다.

　스크린 없는 디스플레이의 출현, 아무 것도 없는 허공에 대고 오롯이 디스플레이 공간으로의 탈바꿈을 꾀하는 일련의 작업. 작아진 스마트폰이 콘텐츠 소비 제고의 일등 공신이었다면, 홀로그램은 이 같은 소비 패턴을 넘어 생산에 이르는 전방위적 콘텐츠 프로세스를 구축해 갈 예정이다.

　이 모든 사안을 종합해볼 때, 하드웨어라 함은 추억 속 기기로 사라질 날이 멀지 않아 보인다. 물론 눈앞의 상용화는 어려울 것이다. 다만 향후 50년 후에는 위와 같은 신 디스플레이의 기술력이 홀로그램과 더불어 VR과 AR 산업 발전의 알찬 교두보 역할을 할 것이란 전망이 우세하다.

이제는 '5차 산업혁명'이다. 먼 미래의 공상이 아닌 2050년을 전후로 해 우리는 또 다른 의미의 변혁을 겪게 될 것이다. 수차례의 혁명기를 거쳐 왔음에도 우리는 개별의 시기마다 의도치 않은 매너리즘을 겪어야 했고, 또한 수많은 고찰을 수반해야만 했다.

유수의 미래학자들은 5차 산업혁명을 두고 '라스트 레볼루션'이라 전망하고 있다. 인류로 하여금 혁명이라는 기대와 멍에를 동시에 쥐여 줄 일은 더 이상 없을 것이라는 것이다. 산업군의 소멸일 수도 완벽한 AI 기술에 따른 인력의 파괴가 바로 그것이다.

우리는 1차 산업혁명 당시 처음이라는 '우려'와 '기대'를 상존시키며 지성인으로의 설왕설래를 거듭해야만 했다. 그러면서 조율과 인정, 아픔의 산파를 겪으며 여기까지 왔다.

'마지막'이라 함은 처음과 또 다른 '공허'를 선사할 수 있다. 다만 5차 산업혁명을 두고, 그간의 노력을 상대로 한 '값진 결실' 정도로 여겨보면 어떨까. 가상 같지만 이것은 현실이다. 마치 홀로그램처럼 말이다.

 # 4차 산업혁명 속 안경의 미래는

# 시력교정에 패션은 '덤' 이제는 '스마트' 갖춘다

불과 3~40년 전만 하더라도 '안경'은 '선택'이 아닌 '필수 사양'이었다. 자신의 눈 건강이 적신호라는 사실을 만방에 알리는 양 부끄러움마저 느껴야 했다. 학창시절 안경을 낀 친구를 상대로 소위 '안경잡이'라는 속어를 남발하던 그때는, 분명 그랬다.

오로지 '시력 교정'을 위함이었다. 눈 상태에 맞게 '볼록렌즈'냐, '오목렌즈'냐 또는 시력에 맞춘 렌즈를 찾아 두께감을 조정하는 '반 의학적' 요소, 더할 나위 없이 그 정도였다. 안경의 용도란 천편일률적이었다. 그리고 렌즈를 감싸는 테의 활용성은 말 그대로 렌즈를 보호하는 'Zip'의 역할에 불과했다.

4차 산업혁명의 시류에 안경 산업도 더불어 유영하고 있다. 시력 보정의 원초적 벨류를 넘어 패션, 레저, 문화, 3D, AR에 이르기까지 안경의 확장 범주는 무한대다. 침대

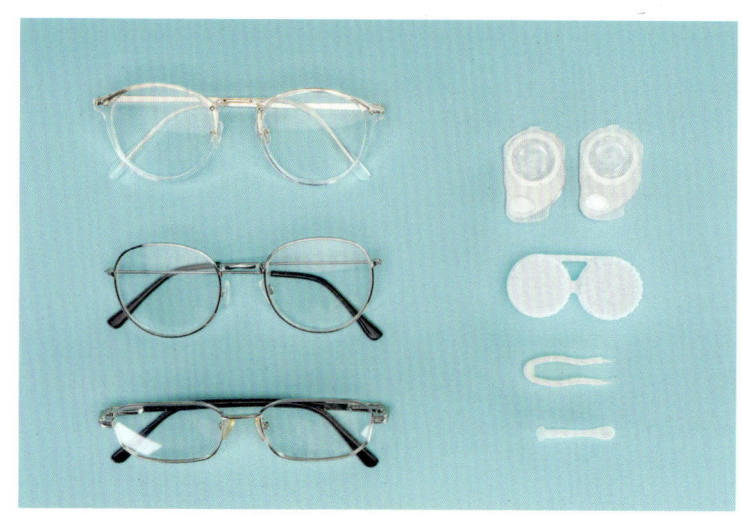

는 과학이고 스포츠도 과학이라는데, 안경을 과학과 분리해버린다면 영 어색할 노릇이다.

## 조선시대 불경의 상징

안경의 근원을 서양의 네로 황제냐, 고대 중국에 이르냐에 따른 논란이 있다. 하지만 이는 고사$^{古事}$에 의거한 추정일 뿐, 정설로 비춰 볼 때 안경의 시발은 이탈리아로 본다. 그에 따른 근거는 렌즈의 어원에서 살펴볼 수 있는데, 렌즈는 이탈리아어 '렌티지에'서부터 비롯됐다는 설이 가장 유력하다.

　우리에게 익숙해마지않는 볼록렌즈와 오목렌즈는 13세기와 18세기 무렵에 각 발명됐다. 하지만 안경의 대중성은 15세기에 이르러서야 빛을 발하게 된다. 당시 구텐베르크의 '인쇄기술'이 유럽 전역을 강타하면서, 수천만권의 책자가 쏟아져 나오기 시작한 것과 궤를 함께한다.

　책의 기하급수적 공급과 맞물려 인쇄본을 접하려는 수요 역시도 동반 상승의 조짐을 보였다. 이로 말미암아 시력의 중요성을 간과해 온 사람들도 사물의 분간 여부를 넘어 독서라는 선명성을 띤 채 안경을 찾기 시작했다.

　그렇다면 우리나라 안경의 시초는 어디서 비롯됐을까. 그 시작은 조선시대로 거슬러 올라간다. 조선시대의 안경은 중국식 어투로 '애체'라 불렸다. 또 다른 말로는 당시 페르시아어 '왜납'이라고도 불렸는데, 이 왜납이 구전을 통해 지금의 안경으로 바뀌었다는 것이 고증을 통해 밝혀진 바 있다.

사실 조선시대의 안경은 '불경<sup>不敬</sup>'의 상징이었다. 어찌 보면 지금의 '담배'와도 비슷한 예법이 적용되는데, 자신보다 지위나 연령이 높은 사람, 불특정 다수의 대중이 모인 자리에서는 안경 착용이 엄격히 금지됐다.

임금 또한 예외가 아니었다. 공식적인 행사나 회의 자리에서는 군주 역시도 안경을 벗고 참석하는 것이 '궁중의 법도'였던 것으로 전해진다. 옛 조선의 안경 문화는 소극적이었고, 경계의 대상이었다. 우리 역시도 수 백 년에 걸친 안경의 역사를 지녔음에도 그에 따른 사료가 미흡할 수밖에 없던 이유, 바로 이 지점에서 알 수 있다.

## 3D안경의 모토는 입체감과 모방

안경렌즈의 원리는 '거리 컨트롤'로 설명할 수 있다. 그 기준은 통상 눈의 망막과 수정체의 위치 및 거리로 두는데, 개별로 지닌 눈의 특성에 따라 렌즈를 선택, 그 렌즈가 눈의 거리와 반사각 등을 잡아 시야를 밝게, 아울러 넓혀주는 것이다. '원시'와 '근시'의 예를 한번 들어보자. 원시는 보통 중년 이상의 연령대에서 주로 나타나곤 하는데, 말 그대로 먼 곳은 잘 보이되 가까운 사물은 선명하지 않은 상태를 의미한다.

원시는 망막과 수정체의 거리가 짧아진 탓에 물체의 상이 망막 뒤편으로 맺힘에 따라 발생한다. 어르신들이 신문이나 가까이 있는 물체를 식별 할 때 안경을 들어 보이거나 돋보기를 착용하는 것이 바로 이 때문이다. 그 돋보기가 바로 볼록렌즈다.

근시는 원시의 반대 개념으로 보면 된다. 먼 곳에 있는 물체가 흐릿하게 퍼져 보이는 현상이다. 이는 '난시'와도 비슷한 지점으로 볼 수 있다. 근시는 수정체와 망막의 거리가 원시와 달리 멀어 그 중간에 상이 맺힌 상태를 의미한다. 다른 이유로는 수정체의 형태를 들 수 있는데, 수정체가 정상 대비 볼록한 형태를 띠면 이 또한 근시라고 판명한다. 근시 교정에는 오목렌즈가 이용된다.

사람의 두 눈은 입체적이다. 때문에 실물과 사진 그리고 거울은 개별의 특성과 형태에 맞게 각자의 입체성을 다르게 표현한다. 쉽게 말해 인간의 눈은 두 개고 사진의 렌즈는 하나이며, 사진은 사물의 입체성을 평면화 하는 대신, 눈은 입체 본연의 구조를 온전히 수용해 낸다는 원리다.

'제2의 눈'으로 대변되는 안경에 입체감을 부여하려는 시도란 꽤나 고무적이었다. '3D'와 안경의 접점을 찾기 위한 그간의 노력은 바야흐로 '3D안경'이라는 아이덴티티로 발현되기에 이른다.

3D 안경의 모토는 입체감과 '모방'에 있다. 인간의 입체적 시각을 오롯이 재현한다는 것이 3D안경이 품은 기술력

이다. 사람은 한 쪽 눈만으로는 입체감을 느낄 수 없다. 바로 '시야각'이 왜곡되기 때문이다. 그렇기에 3D안경 역시 양쪽 눈과 눈 사이의 거리 제어가 기술의 주요 포인트다.

다채로운 3차원 이미지를 한데 결집시키기 위해선, 사람의 좌·우 뇌가 동시다발적으로 입력돼야 한다. 그러한 설계가 이뤄질 때 양쪽 시각으로 투영된 이미지와 이벤트, 형태와 거리감 등을 현실감 있게 인식할 수 있다.

'3D 영화' 또한 비슷한 원리다. 안경 대신 카메라의 거리 각을 조정해낸 후 양쪽 카메라의 병렬적 이미지를 결집해 하나의 영상으로 비출 때 입체감을 품은 3D 스크린이 탄생한다.

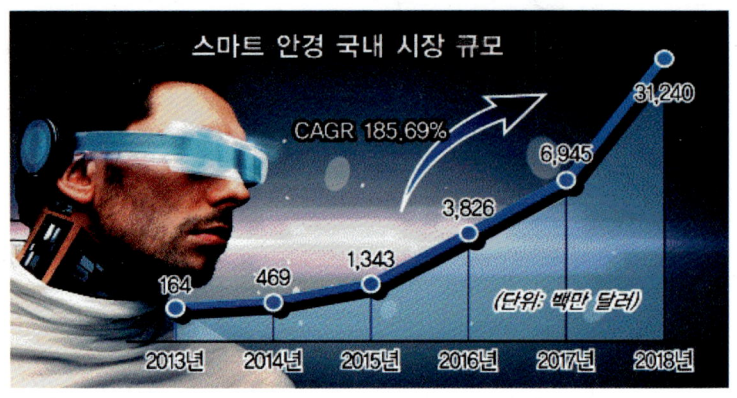

## 미래 안경은 눈에 '걸치는 옷'

안경 산업과 4차 산업의 콜라보로 말미암아 다양한 형태와 용도를 띤 안경이 기하급수적으로 쏟아져 나오고 있다. 오죽했으면 안경을 '아이 웨어', 다시 말해 '눈에 걸치는 옷'이라고까지 표현했을까. 안경은 과학이자 패션이며, 시력 여부와 관계없이 누구나 하나쯤은 소유하고 있을, 약간의 과장을 보태 '공공재'적 성격마저 품고 있다.

매운 여름, 유난히 눈이 시리다면 '선글라스'부터 찾는다. 신분 노출을 꺼리는 공인이나 연예인서부터, 내리쬐는 햇빛과 그 속에 담긴 자외선으로부터 내 눈을 보호하겠다는 일반인에 이르기까지 선글라스는 휴대폰만큼이나 수요량이 높은 '필수품'이 돼버렸다.

이외에도 스포츠나 레저에 적합한 고글이나, 패션을 위

시한 아이템으로의 각종 안경들 그리고 전투 상황이나 비행기 조종 등의 특수 목적을 띤 기능성 안경에 이르기까지, 안경은 그 역사와 더불어 시대와 시류에 따라 그 종류가 점차 증가하고 있다.

이제는 '똑똑한 안경'이다. 스마트의 이름을 딴 '스마트 안경'이 대중 속으로 잠입해 가고 있다. 스마트 안경에는 별도의 '이어폰'이 필요하지 않다. '골전도'의 기술력으로 음악과 동영상을 자유자재로 감상한다.

전화를 할 수 있고, 안경의 위치를 파악한다. 시간을 알려주기도 한다. 이쯤 되면 스마트 안경의 형태에 관한 의구심이 들만도 하다. 인공지능 기술이 투영된 스마트 안경의 외관을 한 번 떠올려보자.

공상과학 영화에서나 봄직한, 좋은 말로 그럴듯하되 부담스런 모양쯤으로 그려본다면 오산이다. 스마트의 정점은 '퍼블릭'이다. 대중적이며 보편화된 외형, 하지만 '웨어러블' 기술력이 담긴 사정이야말로 스마트 안경의 진면목이라 볼 수 있다.

설계도를 펼치지 않은 채 복잡한 배선을 정리한다. 수천 개로 얽혀있는 비행기 내부 전선을 쉼 없이 작업해 낸다. 대신 이 작업자는 설계도를 살피는 대신 안경을 착용한다. 증강현실$^{AR}$안경, AR안경 너머에 배선 위치가 지정돼 있고, 안내도를 판독 해 낸다. 그 덕에 작업 속도가 30%가량 빨라졌고, 그에 따른 효용가치는 기대 이상이다. 증강현실은 현실이 아니다. 다만 현실감을 십분 발휘한 후 현실 아닌 현실을 충분히 반영해 낸다. 그것으로 충분하다.

세계 유수의 리서치 업체에 따르면 오는 2024년까지 안경 관련 산업군의 성장률을 연평균 5.1% 정도로 전망했다. 안경의 스마트화와 더불어 '패션 아이템'으로의 위치가 향후 더욱 공고해질 것이라는 방증이 수치화 된 셈이다.

대구를 일컬어 '안경의 도시'라고 한다. 이번 주말에는 '안경 거리'에서 데이트를 해보자. 더불어 내년에 열릴 예정인 '대구국제안경전'에 한번 쯤 둘러보는 센스도 발휘해 봐야 할 때다. 대구서 나고 자란 이들에게 안경이란 '수구초심首丘初心'이다.

# 카메라로 보는 세상

# 놓치고 싶지 않은 이 순간 카메라로 담아 간직할래

사진을 두고 '찰나의 예술'이랬다. 일각에선 3차원의 입체를 '평면화' 시킨 왜곡일 뿐이라 폄훼도 하지만, '나' 의 모습과 '우리' 의 추억을 가장 현실 감 있게 추억할 수 있는 매개가 바로 사진임은 부정할 수 없다.

다만 이번 연재만큼은 '스마트'의 이름이 썩 달갑지 않다. 부디 카메라는 카메라일 뿐으로 남길 바라건만, '스마트 폰'의 전 방위적 범람으로 카메라 못지않은 성능의 '스마트 폰 카메라' 가 속속 등장, 이에 카메라는 하릴없는 사양길에 접어 들었다. '융합'이 꼭 좋은 것만 은 아닌 듯.

하지만 시류는 받아들여야 할 터다. 카메라의 역사를 반추해봄과 동시, 스마트 폰 역시도 카메라 발전의 혁혁한 밑알 중 하나임을 인정하고 수용해보자. 그리고 말 나온 김에 빛바랜 그 시절의 앨범을 뒤적여본다. 한 가지 이상한 건, 그 사진 속 어디에도 아버지는 없다.

## 카메라의 역사

1800년대 초반으로 거슬러 올라간다. 장소는 프랑스, 당시 한 인쇄업자는 '비투멘'을 떠올렸다. 비투멘은 다른 말로 '역청'이라고도 하는데, 역청은 석유와 석탄의 중간쯤 되는 물질로 보면 된다. 건조 방식은 인위적일 수도, 또는 자연 생성 둘 다 가능하다.

어찌 됐건 이 인쇄업자는 비투멘이 발린 널빤지를 '카메라옵스큐스'의 벽에 세워 세계 최초의 촬영을 시도했다. 카메라옵스큐스는 오늘날 우리가 흔히 접하는 카메라의 시조쯤으로 보면 된다. 원리는 어두운 공간의 벽에 조그만 구멍을 뚫어 그곳으로 빛을 투과시키면 반대쪽 벽을 통해 외부의 풍경이 반대로 보이는 현상에 기인한다.

대한민국 사진의 시발은 1880년대로부터 비롯된다. 여기서는 단 1년 차이로 진정한 의미의 첫 촬영이 갈리는데, 그것은 카메라의 도입이냐, 사진관의 첫 출현이냐로 나뉘게 된다. 그것은 바로 카메라가 (중국으로부터) 처음 들여온 시기인 1883년과 촬영국, 그러니깐 지금의 사진관이 첫 개설된 1884년인지에 관한 작은 논쟁이다.

## 피사체와 뷰파인더

카메라의 원조 격인 '핀홀 카메라'부터 알아둘 필요가 있다. 작은 구멍을 통해 빛을 노출해 필름과의 접점화 작업을 거친 뒤 사진을 찍어내는 개념이 여기에 투영된다. 여기서 핀홀이란 '바늘구멍'을 말한다. 다시 말해 렌즈 없이도 사진 촬영이 가능함을 의미한다.

카메라의 진정한 원리를 파악하고자 한다면 '피사체'와 '뷰파인더'의 개념 정립부터 선행돼야 한다. 피사체란 쉽게 말해 '사진을 찍는 대상'을 의미하며, 뷰파인더는 촬영 시 초점을 컨트롤하거나 피사체의 정확한 (화면상) 위치 선정을 가능케 해주는 일종의 '가늠자' 역할을 한다.

기본적으로 뷰파인더와 렌즈는 일자로 곧지 않다. 통상 뷰파인더와 렌즈는 개별의 구성요소로 분리돼있지만, 고급 사양의 카메라에선 렌즈와 뷰파인더가 일치된 경우도 종종 있다. 이를 '반사식 뷰파인더'라고 부르는데, 반사식 뷰파인더는 렌즈 통과 뒤 사이드 미러를 지난 후, 거기서 반사된 빛을 표현하는 뷰파인더 방식을 의미한다.

그렇다면 뷰파인더와 렌즈가 일직선에 있지 않음에도 물

체가 찍히는 이유는 뭘까. 그것은 '펜타프리즘'으로 설명될 수 있다. 펜타프리즘이란 직경의 측정 부위가 높을 때 사용되는 것으로, 프리즘식 윤척 내부에 속한 프리즘을 뜻한다.

프리즘식 윤척은 입목의 상위 직경 측정 시 이용하는 도구를 의미하는데, 결국 이 펜타프리즘이 빛을 꺾어버리는 거울을 통과, 뷰파인더에까지 빛을 결집해줌으로써 피사체를 찍어내게 된다.

이제부터는 '셔터'의 구조를 한번 짚어보자. 셔터를 누르게 되면 셔터 앞에 장착된 미러가 자동으로 솟게 된다. 셔터는 촬영 중 빛의 투과를 컨트롤하는 장치를 뜻하는데, 셔터의 속도에 맞춰 여·닫힘을 반복, 이 과정에서 발생한 빛이 필름에 맞닿는 것이 셔터의 촬영 원리로 설명된다.

셔터는 '조리개'와 더불어 카메라 노출 기능을 담당하는데, 특히 촬영용 카메라에서의 셔터는 프레임의 연속적 움직임을 위한 '빛의 차단 기능'을 지닌다. 조리개는 사진기

홀을 조정함으로써 렌즈를 투과하는 빛의 양을 컨트롤해낼 동그란 형태의 작은 장치를 의미한다.

촬영한 사진을 가시화시켜 줄 필름 곳곳에는 '브롬화 은'이라는 물질이 곁들어있다. 브롬화 은은 물에 잘 녹지 않는 성질을 띠고 있으며, 빛에 오랜 시간 노출될 시 검게 변하는 성질을 지니고 있다. 필름뿐만 아니라 '인화지'에도 이용된다.

우리가 가장 흔하게 접해온 'SLR'과 'DSLR'의 차이점을 분석해보자. SLR 카메라의 원리는 빛에 노출된 필름을 인화와 현상의 과정을 거쳐 사진으로 표현하는 방식이다. 흔히들 '수동 카메라' 또는 '일안 반사식 카메라'로 부른다.

가장 눈에 띄는 장점으론 렌즈를 통해 유입된 상과 시야에 맺힌 상이 동일하다는 것. 이에 따른 자유로운 촬영에 용이하다. 다만 셔터를 아무리 눌러대도 미러가 솟지 않아 사진 촬영 시 시야가 가려진다는 단점이 상존한다.

DSLR은 다른 말로 '디지털'로 표현될 수 있다. 기존 필름의 역할은 '이미지 센서'가 대신한다. 이는 곧 센서의 용량에 따라 화질 등급이 나뉨을 의미하는데, 사실상 이미지 센서의 유·무를 제외하곤 DSLR과 SLR의 원리는 대동소이하다.

참고로 이미지 센서란 렌즈를 통해 유입된 빛의 투과상태를 디지털로 변환 후 이미지화시켜주는 일종의 '반도체 기술' 보면 된다. 앞서 연재에서도 다룬 바 있는 '자율주행' 차에도 이미지 센서의 역할은 가히 혁혁할 정도다.

## 다양한 종류의 카메라

범주가 워낙 방대한 터라 대표적 사례만 들어보고자 한다. 거울이 없는 카메라 '미러리스'부터 시작해보자. 미러리스는 디지털 카메라에서 명칭 그대로 미러가 제외된 제품이다. 이 미러는 'LCD'가 대체한다. 액정 표시장치를 의미하는 LCD는 고체도 아닌 것이, 그렇다고 액체도 아닌 유연한 성질을 지닌다.

미러리스는 뷰파인더 대신 '전자식 뷰파인더'를 적용한다. '디지털 화면'이라고도 하는데, 참고로 뷰파인더의 종류는 크게 '광학식'과 '전자식'으로 나뉜다. 여기서 말하는 광학식이란 선명도 면에선 전자식을 압도하지만, 용량 면에선 전자식과 비교해 절대적으로 부족하다.

별도의 렌즈 교체가 요구되지 않는 '일체형 렌즈'가 적용된 콤팩트 카메라. 다른 말로는 '소형 카메라'로 불리기도 한다. 앞서 소개된 미러리스, DSLR 카메라와 비교해 월

등히 작은 사이즈를 자랑한다. 소형이다 보니 수동보단 자동화 기능에 더욱 초점이 맞춰져 있다. 작은 센서 탓에 해상도는 조금 떨어진다는 것이 함정.

여기서 잠깐. 말로만 들어온 해상도를 글로 풀어보겠다. 해상도의 정의는 이미지상 가로와 세로 점 개수를 뜻한다. 이는 곧 화면에 나타나는 이미지 정밀도를 의미하는데, 통상 1인치에 속해있는 픽셀<sup>이미지를 구성하는 최소 단위</sup>의 수치를 해상도로 나타낸다. 여기다 살짝 덧붙여 보자면, 이 콤팩트 카메라 중 현출한 부가 성능을 장착한 카메라들을 따로 모아 '꼭대기' 혹은 '정상'을 의미하는 '하이엔드 카메라'로 분류하기도 한다.

카메라인 듯 카메라 같지 않은 '스마트 카메라'. 정확히 표현하자면 '스마트폰'에 장착된 '스마트폰 카메라'가 최근 몇 년 새 급증세를 보인다. 스마트폰의 보급률과 스마트폰 카메라의 끊임없는 진화가 이를 가능케 했는데, 이로 말미암아 오늘날의 스마트 카메라는 '예술적 측면'을 넘어 '소통의 관점'에서 바라봐야 할 명분이 선명해졌다.

인공지능$^{AI}$의 범람과 4차 산업의 거센 광풍에 스마트 카메라는 기존 카메라가 지녀온 '사유'의 개념에서 '공유' 아이덴티티로의 변혁을 꾀하고 있다. 사진을 바로 찍고 바로 올려 곧바로 공유함으로써 구축될 '소통의 프로세스'는 카메라의 기능적 측면을 몇 단계 뛰어넘은 이른바 '공공재'적 형태의 카메라를 출현시키기에 이른다.

사진을 추억 속 편린, 또는 보존적 매개로 정체시켜두는 것이란 이제 옛말이 돼버렸다. 카메라가 똑똑해질수록 사진의 기억은 또 다른 스토리가 되고, 이로 말미암아 개별의 스토리를 한데 모아 다방면으로 교류해가는 '공감의 장'이 펼쳐진다는 사실, 오늘날의 카메라, 그리고 사진이 품은 함의다.

다만 일회용 카메라의 '드르륵' 거리던 의성어가 그립고, 혹시나 빛에 노출될까 필름 원본을 꽁꽁 싸맨 채 사진관으로 내달리던 그때의 기억, 항상 부족했던 필름 수를 탓하며 사진 한 장에 모든 추억을 담아 조심, 또 조심스레 셔터를 눌러댔던 그 날의 아련함이 문득 생각나는 겨울의 초입이다.

4차 산업에도 추억은 있고, 인공지능에도 그리움은 상존한다. 가끔은 똑똑한 스마트대신 조금 느리지만 정성이 깃든 아날로그가 끌리는 이유다.

# 인간의 소통 욕구
# 통신의 발전

# 단순 통화용에서
# 현대인의 필수품으로

　수화기 너머의 세상은 또 다르다. 대면으로는 털어놓기 힘든 이야기들을 음성을 통해, 그리고 메시지를 이용해 간절히 전달해 본다. 다른 한편으로는 최근 몇 년 새 급증세를 보이는 '보이스 피싱' 관련 범죄를 통해 휴대전화의 민낯을 마주하기도 한다.
　한 가지 확실한 건 휴대전화의 정체성은 '본능'으로 출발해야 함이 옳을 듯하다. '소통'에 있어 시·공간의 제약을 타파하고자 하는 욕구로 전화기를 낳았고, 글만으로는 도저히 형언하지 못할 메시지 위에 '이모티콘'을 탄생시켰다. 그리고 갓난아이들이 새로운 물건을 보면 물고 만지려 드는 습성으로 말미암아 '터치스크린'을 개발했다는 것, 업계의 암묵적 정설이다.
　이처럼 휴대전화는 몇 차례의 산업혁명과 그 시류를 함께 해왔다. 인공지능[AI]의 모토가 '인간을 위함'으로 대변 되

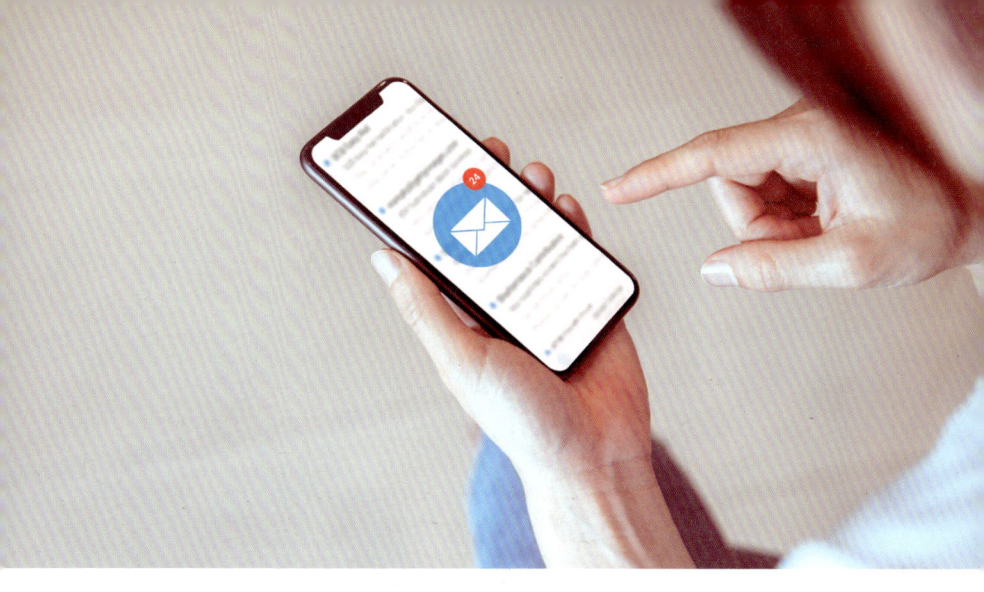

듯, 휴대전화 역시도 단순 음성통화를 넘어, 메시지 전송, 음악 및 동영상 감상, 인터넷 이용 등 한 손으로 한 번에 처리할 수 있는 '원스톱'의 욕구가 켜켜이 쌓여 여기까지 왔다.

휴대전화 가입자 수가 대한민국 전체 인구를 훌쩍 넘어가는 시점이다. 휴대전화는 이제 '선택 사양'이 아닌 '공공재'의 역할로 바라봐야 할 때다. 다시 말해 휴대전화의 이용을 두고 단순 '소통'의 관점을 넘어 '어떻게 활용해야 하는가'에 관한 고찰이 시급하다는 것이다.

## 30년 전 400만 원 짜리 휴대전화

불과 3~40년 전만 하더라도 휴대전화는 0.1%만을 위한 전유물이었다. 그도 그럴 것이 당시 웬만한 중형차 가격

**1983년 — 모토로라 다이나택**
최초의 휴대폰,
최초의 아날로그 통신 적용
(1세대 통신)

**1989년 — 모토로라 마이크로택**
최초의 플립구조,
세계 최초의
포켓 휴대폰으로 홍보

**1992년 — 노키아 1011**
최초의 디지털 통신 적용
(2세대 통신 GSM 표준)

**1996년 — 1.노키아 8110/2.모토로라 스타택**
1. 바나나폰이라 불림,
영화 매트릭스에 나옴, 최근 재출시
2. 최초의 폴더폰

**1997년 — IBM 사이먼**
최초의 스마트폰,
주소록, 계산기, 메모장, 이메일 등
기능을 탑재

**2000년 — 샤프 J-SH04**
최초의 카메라폰,
CMOS 이미지 센서 내장

**2002년 — 노키아 6650**
최초의 3G 통신 적용

**2007년 — 애플 아이폰**
아이폰 시리즈 시작!
IOS 탑재

**2008년 — 1.삼성 옴니아/2.애플 아이폰3G**
1. 흑역사로 평가된 삼성 최초의 스마트폰
2. 정전식 터치, GPS 기능,
당대 가장 진보된 스마트폰으로 평가

**2010년 — 1.삼성 갤럭시S/2.애플 아이패드**
1. 안드로이드 탑재, 삼성의 현재
주요제품인 S시리즈 시작
2. 태블릿 컴퓨터, IOS 탑재

**2011년 — 1.삼성 SCH-R900/2.삼성 갤럭시노트**
1. 최초의 4G 통신 적용
2. 패블릿 스마트폰
(Phone + Tablet)

**2013년 — 1.애플 아이폰5S/2.삼성 갤럭시기어**
1. 지문인식 기능 탑재(높은 보안성과
편리성으로 결제 등 편의 기여)
2. 안드로이드 스마트워치

**2014년 — 1.삼성 갤럭시S5/2.애플워치**
1. 지문인식 기능 탑재
2. Watch OS 기반 스마트워치

**2015년 — 삼성 갤럭시S6**
삼성페이로 결제시스템에
편의 기여,
무선충전 가능

**2017년 — 애플 아이폰X**
아이폰 10주년 기념 발매,
지문인식 대신
Face ID 기능 탑재

이 500만 원 하던 시절, 휴대전화는 400만 원을 육박했다. 그 크기만 해도 벽돌에 버금가다 보니, '휴대'라는 말을 붙이기에도 이래저래 겸연쩍은 수준이었다.

휴대전화의 가격 대중화를 꾀한 시점은 1990년대 중반으로 볼 수 있다. 이 시기부터 이른바 'X세대'의 필수품으로 여겨졌던 무선 호출기는 점차 뒤안길로 사라지고, 휴대전화가 이동통신의 정점으로 부각됐다. 이즈음부터 개별의 통신사들이 우후죽순 생겨나기 시작했다. 각기의 방식으로 서비스 공약을 제시한 것도 바로 이때부터다. 무선 호출기와 함께 '실과 바늘'로 인식되던 공중전화 역시도 휴대전화의 등장으로 서서히 사양길에 접어들었다.

게임과 인터넷 등 통신 외 부가 기능 서비스가 시작된 것은 2000년대 이후다. 이때부터 요금제가 생겨나기 시작했고, SF영화 속에서나 지켜볼 수 있던 '영상통화' 역시도 밀레니엄을 보낸 이 시기부터 가능해졌다.

똑똑한 휴대전화, '스마트폰'의 탄생을 지켜보려면 2010년으로 거슬러 올라가야 한다. 이때부터 애플의 아이폰과 삼성의 'S' 시리즈가 쏟아져 나오기 시작했고, 이로 말미암아 스마트폰은 굳건히 지켜오던 피처폰의 아성을 단박에 무너뜨리기 시작했다.

바로 이 시기부터 우리가 흔히 접할 수 있는 '세대별 통신기술'이 대두되기 시작한다. 1·2세대 피처폰을 넘어 스마트폰 시대의 개막에 따라 '3세대 이동통신'이 그 신호탄을 쏘아 올렸다.

3세대 이동통신은 쉽게 말해 통신기술의 3세대를 의미한다. 흔히들 '3G'라고도 말한다. 3세대부터 음성과 비음성의 구별 없이 모든 통신 전송이 가능해졌다. 이때부터는 기지국의 역할이 중요해졌는데, 각 통신사들은 시쳇말로 '전화기가 얼마나 잘 터지나' 경쟁을 위한 촘촘한 기지국 설치를 기업의 캐치프레이즈로 내세웠다.

'4세대 이동통신'은 'LTE'의 이름으로 3세대 대비, 조금 더 총체적이고 안정화된 솔루션 제공에 역점을 뒀다. 정확히 말하면 4세대는 0.1이 모자란 '3.9G'의 기술력인데, 여기에는 광대역을 초과한 초광대역, 원활한 '와이파이' 기능, 각종 스트리밍 멀티미디어 제공을 통해 3세대 대비, 덜 끊기되 더 빨라진 환경 구축을 최우선시하기에 이르렀다.

앞서 연재에서도 언급한 바 있는 '5세대 이동통신'은 '초고속', '초저지연' 기술력으로 욕구 잠입을 시도했다. 완벽한 상용화에는 아직 설왕설래를 거듭하고 있지만, 4G 대비 20배 이상 빨라진 5G의 통신 속도를 통해, 스마트폰의 궁극적 목적인 '토탈 솔루션'에 한 걸음 더 다가가려는 모양새다.

## 무궁무진한 스마트폰 활용

'투표'는 국민의 의무이자 권리다. 선한 삶의 갈구와 유지를 위한 일종의 '정치적 행위'로 볼 수 있다. 하지만 팍팍한 일상에 본의 아니게 투표를 치를 수 없다거나, 마음을 먹고 투표장에 들어선다손 치더라도 이른바 '피크타임'에

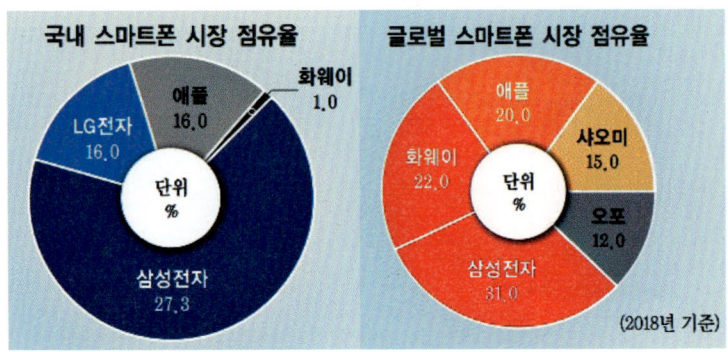

걸려버리면 하릴없이 수 시간을 허비해야 한다.

하지만 이 같은 맹점은 스마트폰의 활용으로 충분히 극복 가능한 문제다. 바로 '전자투표'를 의미하는데, 스마트폰 전자투표가 상용화된다면 투표 시 시·공간의 제약을 없앨 뿐 아니라, 그에 따른 경제적 비용 절감 차원에서도 탁월하다. 통신을 통한 투표 집계가 실시간으로 이뤄질 수 있다면 결과 또한 신속히 접할 수 있다는 장점마저 발생한다.

장례 문화에도 변화의 조짐은 선명하다. 이 역시도 스마트폰이 적용된 '가상 장례 문화'의 일환으로 이해하면 된다. 여기에는 VR, AR 등의 증강 현실과 홀로그램의 기술력이 내포돼 있다. 다시 말해 '허구의 리얼리즘'을 추구한다는 증명이다.

가상 장례 문화는 크게 가상 조문과 추모, 장례 지원으로 구별된다. 가상 조문은 말 그대로 장례 입장 후 절차인 분향, 헌화, 인사 등을 가상의 공간에서 치르는 것이다. 스마트폰에 투영된 홀로그램 등의 기술력이 장례식장을 방문하지 않았으나, 마치 현장에 있는 것처럼 그곳 환경을 인식하고 재현해 낸다.

장례 절차에도 스마트폰의 역할이 주효할 것으로 예상된다. 스마트폰에 투영된 'QR코드'를 활용, 이를 통해 각종 장례 정보와 용품, 구매에 이르는 전 과정을 온·오프라인을 망라해 공유하는 형식이다. 실제 특허청 통계에 따르면 이처럼 스마트폰이 접목된 장례 서비스 특허출원이 2016년까지 10여 건에 그치던 것이, 2017년부터는 25건 가까이 늘어났다.

1차 산업혁명의 상징으로 일컬어지는 '농업 분야'에서도 스마트폰의 기세는 무섭다. 농업인 개별로 스마트폰을 이용, 유튜브나 블로그 등의 매체를 활용함에 따라 자신의 농작물을 별도의 자금 없이 개별로 홍보할 수 있는 역량 제고에 제격이라는 평가다.

이제는 해양 연구에도 스마트폰의 활용도는 무궁무진할 것으로 보인다. 특히 심해 탐구 간 스마트폰의 적용에 따라, 파생 가능한 리스크를 일정 부분 줄일 수 있다는 데 주안점을 둔다. 여기에는 휴대폰에 연동된 '애플리케이션' 기술력이 투영된다.

설치된 애플리케이션을 통해 해역의 수온, 생물 등 각종 환경을 실시간으로 확인 가능하다. 모 지자체의 해양수산과학원에 따르면 애플리케이션으로 해양 정보뿐 아니라,

기상청 등 각 기관에서 관측하는 고급 자료도 손쉽게 공유할 수 있다.

이처럼 스마트폰은 특정 전유물이 아닌 신변잡기의 일상이 돼버렸다. 무료한 시간을 더불어 보내줄 벗이 되기도, 활용도에 따라 편의성과 각종 위험을 사전에 차단해주는 '지킴이' 역할에도 소홀함이 없다.

다만 서두에서도 언급했듯 지성인으로서의 분명한 고찰 역시도 요구된다. 흔히들 '중독'이라 불리는 스마트폰의 맹점을 간과하지 말아야 한다는 것이다. 스마트폰의 지나친 이용에 따라 파생 가능한 각종 신경계 질환과 정신적 피폐가 결집 된다면 자칫 '사회성 결여'라는 이단적 현상마저 초래할 수도 있다. '과유불급'이라고 하지 않았던가.

## 6세대 통신을 준비하다

이제는 '6세대 이동통신'을 바라봐야 한다. 5세대의 상용화 시점도 채 잡지 못한 이 때, 과한 미래 지향일 수는 있으나 격변하는 시류에 철저한 대비는 응당 치러야 할 덕목이다.

실제 세계 최강국이라 일컬어지는 미국은 벌써부터 6세대 이동통신의 선구자 역할을 자처하고 나섰다. 업계에서는 향후 10년을 기점으로 발발할 6세대 이동통신은 현재 5

세대보다 약 5배 이상 빠른 속도로 범람할 것을 기대 또는 예상한다.

이 같은 상황에 기인, 국내 유수의 대학과 통신업체는 최근 6세대 이동통신 관련 연구센터를 설립하기에 이르렀다. 그 시발로 대역 주파수를 적용한 '초고속 무선 백홀 시스템 개발'에 들어갔다.

6세대의 가장 큰 차별성은 '수중 통신'에 있다. 이를 두고 중국은 6세대의 상용화 기점을 3년 앞당긴 2027년으로 내다보고 있다. 이론적으로 6세대의 다운로드 속도는 초당 '1TB'에 달할 것이라는 게 전문가들의 분석이다. 정보통신의 종착역인 '만물인터넷[IoE]' 시대의 도래를 기대해볼 수 있다는 증명이다.

'혁신'은 언제나 그래 왔듯 이채롭되 위험했다. 하지만 우리는 '구더기 무서워 장 못 담그는' 우매함 대신 언제나처럼 새로운 세상을 동경하고 실현해왔다. 반드시 성찰하되 아울러 대비하고 정진해야 한다는 말이다.

# 미래 주거문화 트렌드 타운하우스

# 아파트+단독주택
# 두 장점을 하나로

　즐거운 곳에서 아무리 와보라 손짓한들 결국엔 내 집이 최고다. '회귀의 본능'일까. 어찌 됐건 그 이면엔 '하우스 푸어'의 극단적 서글픔이 도사린다지만, 그 역시도 내가 머물고 생활하며 은밀해(?) 마지않은 나만의 '사적 공간'을 충족하는데 집이란 그저 꿈같지만, 반드시 이루고픈 목표라는 방증이다.

　'초가삼간'이라도 몸 뉘일 내 집이라면 '안빈낙도' 부럽지 않다지만, 같은 값이면 다홍치마가 예뻐 보이듯 '3대 본능'으로의 주거를 넘어, 여흥, 문화 등의 엔터테인먼트적 명분에다 보안, 인공지능$^{AI}$, 네트워크 시스템 등의 실리를 한층 더한 이른바 '스마트 하우스'가 대세다.

　7~80년대 '새마을 축조를 위한 경제 개발'이 국가의 원년 목표였던 그때. 일률적으로 발발하는 '도시화 작업'의 붐이 불어 닥치며 소위 '강남권'이라는 서민들에겐 시리기

만 한 그들만의 범주가 제정(?)됐다. 이와 맞물려 '닭장'이라는 시쳇말로 치부됐던 당시의 '아파트'가 불과 몇 년 새 주거문화의 확실한 트렌드로 자리매김하기에 이른다.

아파트의 속성은 모호하다. 공·사가 상존한다는 것인데, '사생활 보호'를 주거 선택의 첫째 사양으로 꼽는 이들이 아이러니하게 수십, 수백, 더 나아가 수천 세대가 한 건물에 밀집해 있는 아파트를 선호한다는 것이 좋게 표현하면 신기할 노릇이다.

하지만 되돌려 생각해보면 (아파트를 선택하는 인구 중) 사생활을 중시하는 이들에게 '보안'과 각종 '관리'의 영역이 마치 '아픈 손가락'인양 눈에 밟히는 게 아닐까 싶다. 그들에게 아파트는 '최선'이 아닌 '차선'의 고집일 듯.

단독 주택의 주요 맹점이 바로 저 두 사양의 부족분인데, 이를 일정 부분 타개하고자 대두되는 주거 형태가 바로 '타운

하우스'다. 약간의 과장을 보태 미국 내 부촌으로 일컬어지는 '베버리 힐즈'와 유사한 툴이라 보는 것이 이해하기 좋을 듯하다.

타운 하우스의 정의는 여러 단독 주택을 하나의 단지화로 조성한 주거지다. 총체적으로는 '공동주택'의 개념으로 볼 수 있는데, 기존 아파트와 달리 층고가 높지 않고(통상 2~3층) 가구 수도 많지 않아(통상 10~50가구) 사생활 보호와 아울러 어찌 됐건 단지로 구성, 아파트와 같은 관리와 보안의 영역까지 일정 수준의 커버가 가능하다.

타운 하우스는 비싸다. 그도 그럴 것이 단독 주택과 아파트 개별의 장점을 비록 완벽할 순 없겠으나 고루 섭렵해야 하다 보니 일반 아파트나 단독 주택 대비 높은 시세를 형성하는 것 또한 사실이다.

이번 연재의 목표는 서울 및 수도권에 비해 생소해마지 않는 타운 하우스라는 개념이 우리 고장에서도 개별의 정립을 시도함과 동시, 각기의 방식으로 또 다른 용틀임을 준비한다는 사실을 알리고자 함에 있다.

이와 더불어 지역 주거문화의 트렌드 개척과 실 사례를 발굴, 시민의 입장으로 주거의 취사선택 간, 운신의 폭을 조금 더 넓히기 위한 일련의 작업임을 밝혀본다.

## 타운하우스 역사는 영국

타운 하우스의 시작은 '영국'이다. 오늘날 타운 하우스가 '럭셔리 하우스'로 오해(?)받는 것도 영국 타운 하우스의 처음과 맥을 같이한다. 19세기 말 영국의 일부 정치인들과 거부巨富들은 자신들이 소유한 광활한 영토를 도심으로 옮겨가길 원했다.

실제 시골에 있는 자신들의 땅을 도시로 옮기는 일은 불가능할 터다. 다만 이들은 영국의 시골마을인 '롱본'보단 '템스강'이 유유히 흐르는 런던에서 살길 원했고, 이로 말미암아 시골 부지를 (일정 부분) 처분한 뒤 런던 등지에 집을 짓고 생활했다.

하지만 시가지는 낮고, 템스강이 수시로 하도河道를 변경하며 지반마저 약해 넓은 주택 건설이 용이치 않은 런던의

지형에 기인, 이 같은 연유로 제한된 공간에 이들의 명성(?)과는 다소 이질적인 높고 협소한 건물을 지을 수밖에 없었을 터다.

물론 이곳이 아무리 협소할지언정 런던에 집을 올릴 수 있다는 사실만으로도 그들이 유력인사라는 일종의 시그니처를 남긴다. 어찌 됐건 나름 있는(?) 사람들이 모여 집을 짓고 자신들만의 삶을 영위해가던 에어리어가 '타운 하우스'로 불렸다는 것이 유력한 정설이다. 말 그대로 유력한 사람들이 유력을 한껏 과시하며 '그들만의 리그'를 구성했다는 것이다.

이 같은 그들만의 하우스가 '단지'의 개념으로 변화를 꾀한 것은 '2차 세계대전' 직후인 1945년 미국으로부터 비롯된다. 2차 세계대전 이후의 미국은 국제 경제에서의 주축을 담당하는 이른바 '국제주의'를 표방하며 '세계의 경찰'임을 자처하기에 이른다. 이 같은 호황기와 맞물려 미국 내 소득 불평등은 해소되고 여기에 발맞춰 중산 계층이 물밀 듯 쏟아져 나오기 시작했다.

이 시기 영국의 타운하우스 개념이 미국으로 옮겨가면서 최소한 미국 내에서 만큼은 럭셔리 하우스가 아닌 중산층이 개별의 집을 지어 공공의 단지를 이룬 형태의, 다시 말해 오늘날 개인 주택이긴 하나 공공의 커뮤니티를 공유하는 '단지형 타운하우스'로 정립되기 시작한다.

그렇다면 우리나라 최초의 타운하우스는 과연 어디일

까. 대한민국 수도에 위치한 'G빌라'가 바로 그것인데, 1983년 건립된 이 빌라는 '조적조$^{組積造}$'의 건축 형태를 띠며, 지금까지도 타운 하우스의 고전$^{古傳}$ 교과서로 명맥을 유지해 가고 있다. 조적조란 건축 양식 중 하나를 일컫는 말로, 돌, 벽돌, 콘크리트 블록 등으로 쌓아 올려서 벽을 만드는 전통적 건축 구조를 의미한다.

## 대구의 타운하우스는

서울을 비롯한 수도권 일부로 국한됐던 타운 하우스가 지역 내에서도 개별의 방식으로 군웅할거를 준비 중에 있다. 아파트의 편의성과 보안, 각종 관리에다 단독주택의 개인 프라이버시 보호, 개별의 니즈 충족 기능, 여기에 자연

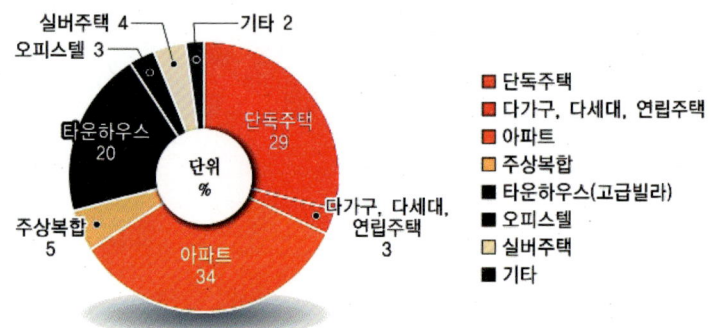

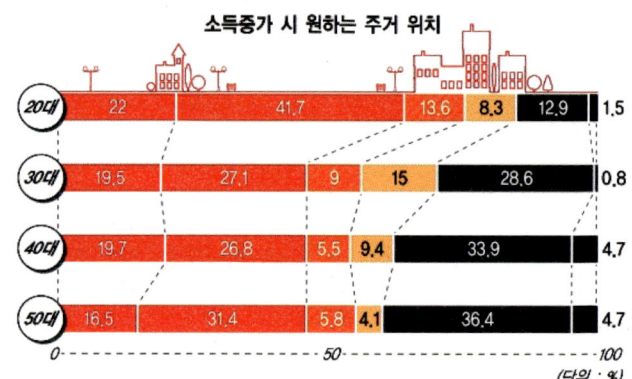

과 도심을 일거에 취할 수 있는 신 개념의 타운하우스가 지역에서도 속속 등장하고 있다. 물론 서두에서도 언급했듯 그 시세가 일반 아파트의 몇 배가량을 상회하는 경우도 있지만, 삶의 요건에서 '주거의 안정화'가 최 일선에 자리 잡은 이들에겐 분명 사치가 아닌 가치로 인식될 법도 하다.

최근 수성구에 분양을 마친 A 타운하우스는 '도심형 단독주택'으로의 캐치프레이즈를 십분 살렸다는 평을 얻고 있다. 현재 지역 내 최상위 수준의 매매가를 기록 중인 이 타운하우스는 지하 2층~지상 3층 규모의 18세대 단지로 구성, 인공지능 보안 시스템을 도입함에 따라 단독주택의 맹점으로 지적된 보안의 영역을 일정 부분 희석시켰다는 것이 주요 장점 중 하나로 부각되고 있다.

도심형과 숲 세권을 동시에 잡고자 하는 입지 요건도 꽤나 고무적이다. 전통적 명문인 '수성 학군' 내 속해 있는 동시, IC와 상업시설, 문화 공간 등이 인접해 있어 생활 전반으로의 불편함을 최소화했다.

여기에 이 곳 타운하우스의 입지 자체가 언덕, 다시 말해 산을 끼고 있는 지형인 터라 비록 시끄럽지만 편한 도심 속에 조금은 불편하지만 공기 좋은 자연의 장점들만이 오버랩 됐다는 나름의 호평 또한 받고 있다. (타운하우스로는) 이례적인 3층 이상의 높이와 동·남향으로 위치한 하우스, 지역에선 쉬 나오기 힘든 이른바 '최적에 가까운 입지 요소'는 덤이다.

## 더 저렴하고 아늑하게

　타운하우스에 투영된 각자의 기대가 있을 터. 비록 비싼 매매가이긴 하나, 아파트 대비 실제 사용 가능한 전용면적이 넓어 그에 따른 가치 또한 시나브로 상승 중이다. 전용 면적이란 집 내부의 방이나 거실, 주방, 화장실 등을 모두 포함시킨 넓이로, 엘리베이터나 주차장 등의 공용면적을 제외한 나머지 모든 바닥의 면적을 뜻한다.
　또한 아파트 계(?)의 클라이맥스로 일컬어지던 '주상복합'이 시들해지고, 각종 관리 및 사후 비용에 부담을 느낀 중년층 소비자들이 타운하우스라는 (주상복합 대비) 조금 더 저렴하고, 조금은 더 아늑한 메리트에 충분히 공감할 것이라는 시각이 그 어느 때보다 크고 넓으며 높다.
　이와 더불어 각종 편의 기능이 응축된 아파트를 쉬 벗어날 수 없는 이들에게, 또 일반 단독주택의 맹점이 눈에 아른거려 섣부른 변화를 꾀하지 못하는 소비자들로 하여금 공공의 효율과 편의는 제반에 두되, 단독이라는 개인적 요소를 충족시킬 대안으로 타운하우스는 그 위용을 한껏 뽐내고 있다.
　'혁신'의 처음은 '우려', 혹은 '무모함'으로 출발한다. 어느 정도 수요가 보장된 대단지 아파트를 차치하고 타운하우스를 선택, 그것도 수도권이 아닌 지역에서의 타운하우스 사업이란, 굳이 험로$^{險路}$를 찾아다니는 개척자의 마인드가 아니라면 쉬 시도조차도 여의치 않을 터다.

　하지만 그 같은 우려와 무모함이 켜켜이 쌓여 긍정의 방향으로 틔울 수 있다면 혁신의 마지막은 '기대'에 기댄 '또 다른 희망'으로 갈무리됨을 믿어본다. 헐은 저녁 한 끼에 감사할 수 있는 가을 초입이다. 열정을 쏟아 일을 하는 당신, 오늘도 수고 많았으며 이제 즐거운 우리 모두의 집으로 함께 돌아가리라.

우주를 향한
인류의 도전

# 광활하고 신비로운 우주로 떠나볼까?

 그 옛날 별나라 너머에는 옥토끼가 살았다. 간절해 마지않는, 혹은 삶에 부칠 적 무심코 하늘을 올려다보면 부지런히 방아를 찧는 옥토끼 두 마리가 보였단다. 다름 아닌 반짝이는 별을 보고 아름다움에 도취한 그날의 밤, 그 언저리였다.

 부부, 연인, 친구와 더불어 팍팍한 세상, 잠시나마 수놓은 별을 바라보며 마음 정화를 취해보리라. 하지만 그땐 미처 몰랐다. 저 별이 수백, 수 억 년 전 생성된 그때의 별이었다는 것을. 그만큼 우주는 신비로웠고, 광활했으며, 우리는 무지했다.

 앞서 연재에서 다뤘듯 우리에게 우주 시대는 허구와 진실, 그리고 바람과 우려가 뒤섞인, 실로 복잡해 마지않는 '먼 훗날'이었다. 하지만 당시에는 멀게만 느껴졌던, 절대 도래하지 않을 것 같은 그 날의 진실과 염원은 이제야말로 우리와 마주할 모양새다.

## 우주 시대 위한 인류의 시도

우주탐사의 서막은 '제2차 세계대전' 직후로 봐야 한다. 당시 미국과 소련(현 러시아)이라는 열강의 자존감은 '인공위성'이라는 선명성을 주창, 그 기술 개발에 가일 층 박차를 가했다. 전쟁의 상흔을 우주 시대 개막으로 말미암아 상쇄하려는 선언적 의미 하나와 '탈 지구화'라는 또 다른 국가적 레벨을 전 세계에 공고히 한 셈이다.

무인 인공위성의 선두는 소련의 차지였다. 인류 최초의 인공위성 '스푸트니크 1호'가 지구 궤도를 벗어나 우주로의 처녀 길을 닦았던 것. 이로 말미암아 경외의 대상이었던 우주 영역은 형언할 수 없던 소싯적 괴리를 점차 줄여나갔다.

무인을 넘어 유인 인공위성의 시발도 소련의 몫이었다. 소련 국적의 우주인 '유리 가가린'을 태운 '보스토크 1호'는 우주 공간 곳곳을 유영하기에 이르렀다.

이제는 '달'의 영역이다. 체면을 구길 대로 구긴 미국은 당시 대통령이었던 케네디의 공언을 시발로 달 착륙의 당위성을 공표하기에 이른다. 바로 전 세계를 상대로 말이다. 목표는 1960년 이전, "이 해가 가기 전 미국의 우주인은 오롯이 달에 착륙 후 지구로의 무사 귀환을 영위해야 할 것." 당시 미국 우주산업의 캐치프레이즈였다.

미국의 이 같은 공언은 현실로 돌아왔다. 비록 당초 목표보다 9년 가까이 정체됐으나, 1969년 미국의 '아폴로 11호'가 달 착륙에 성공하면서 여타 행성으로의 진출과 저 너머 진실쯤으로 여겼던 믿음이 가시화되기에 이른다.

이처럼 열강의 경쟁이란 비록 치열했으나 우주 세계 진입으로의 험로를 개척할 수 있었던 동기이자 확실한 명분이 돼주었다. 암스트롱 선장은 달 표면에 첫발을 내디던 그 순간, "한 사람에게는 작은 발걸음이지만, 인류에게는 위대한 도약"이라는 불세출의 명언을 남기기도 했다.

그렇다면 대한민국 우주산업의 현주소는 어디쯤 와있을까. 우주 개발 간 중진국 진입을 위한 노력은 우선 고무적이다. 우리는 지난 2009년과 2010년 두 차례에 걸쳐 전라남고 고흥의 '나로 우주센터'를 통해 '나로 호'를 발사한 이력이 있다. 이 두 차례의 시도는 아쉽게도 불발에 그쳤다. 하지만 지난 2013년 역사적인 첫 비행을 완수, 나로 위성을 예정 궤도에 올리는 데 성공한다. 당시 교신 전반은 '카이스트 인공위성 센터'에서 수행한 것으로 알려진다.

우리나라 첫 우주인의 탄생은 2008년으로 거슬러 올라가야 한다. 이는 전 세계적으로 475번째. 이 여성 우주인은 당시 10일에 걸쳐 우주 정거장에 머물렀다.

## 우주 시대, 더 이상 공상이 아니다.

공상은 현실을 수반하고 미래를 대변한다. 지구 개별의 도시들이 필요 시 우주선이 돼 날아오른다거나, 지구 전체를 하나의 인공위성으로 개조, 날려버린다는 상상력은 비단 공상과학 영화의 아류로 치부할 문제만은 아닌 듯하다.

실제 중형 위성 개발의 프로세스가 정부 차원으로 발현되고 있다. 정부 지원 아래 민간주도로 이뤄진다는 것인데, 3,100억 원 수준의 예산이 이 사업에 투입될 예정이다. 여기에는 SF적 요소가 가미돼있다. 바로 '전자광학 카메라.' 이는 대기권 밖에서 유영하고 있는 인공위성이 지상 4~5m에 이르는 물질을 인식해내는 초고도화 기술이 탑재된다.

인공위성 시대, 로봇의 전 방위적 역할 또한 기대해볼 만하다. 불과 몇 년 전 까지만 해도 일일이 수작업으로 영위해야 했던 작업을 '디지털 혁신'의 이름으로 로봇과 우주산업의 공생을 주선해 가고 있다. 실제 위성의 태양전지판 부착 및 생산 공정 전반은 로봇이 감시, 컨트롤해가고 있는 시점이다. 로봇의 기술적 범주가 '머신 컨트롤'에 그쳤던 과거와 달리, 이제 로봇은 인지와 뇌, 인공지능을 아우르는 등 본연의 역할을 확장해가고 있다. 로봇과 우주산업의 접점은 우연히 얻어걸리는 선물이 아닌, 필연이다.

우주 공항과 그에 따른 라운지 사업도 우주 여행객을 맞이하기 위한 절차를 준비하고 있다. 광활한 사막 위 건립 예정인 이 우주 공항은 우주 여행객의 편의와 서비스를 우선으로 제작·디자인 한다. 특히 마치 고급 음식점을 떠올리게 하는 라운지는 여행객뿐 아니라, 배웅을 필요로 하는 관계자들의 출입도 일정 부분 허용한다는 방침이다.

우주여행은 더 이상 우주인의 전유물이 아니다. 다시 말해 '민간 우주 관광 시대'의 도래를 의미한다. '준 궤도비행'의 이름으로 운영 예정인 이 사업은 통상 궤도 자체를 유영하는 비행 궤적을 넘어, 그에 준하는 우주 궤도에 안착 후 재착륙함을 뜻한다. 실제 올해 초를 기점으로 첫 민간 우주 관광객의 탄생을 알리기도 했다. 여행과 숙박은 떼려

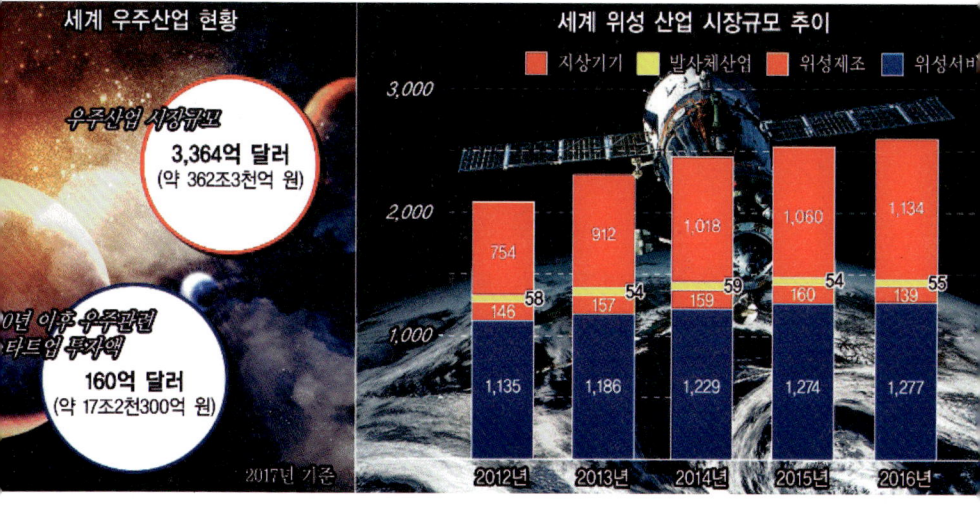

야 뗄 수 없는 필수 불가결한 요소다. 우주여행으로의 가시적 거리큘럼이 쏟아지면서 '우주 호텔'에 관한 개발계획도 동시에 속도를 내고 있다. 이는 미국의 한 부동산 재벌로부터 비롯됐는데, 현재 풍선형의 우주 호텔 개발을 위한 마지막 담금질에 매진하고 있다.

이처럼 민간 기업이 우주개발을 주도하는 '뉴 스페이스 시대'가 열리고 있다. 대한민국은 우주산업 성장의 '러닝메이트'로서 또 다른 용틀임을 준비하고 있다. 실제 세계 유수의 우주 전문가들은 한국의 지구관측 위성 기술을 두고 "이미 선진국과 대동소이한 위치"임을 공공연히 인정하는 상황. 이는 곧 오늘이야말로 우주산업 간 '선택'과 '집중'의 시기라는 방증이다.

## 정부와 민간, 모두 하나 돼야

　인류는 달 착륙 이후 반세기를 보내왔다. 이제 우주산업은 국가 차원이 아닌 민간의 범주에서 다뤄져야 할 만큼 가시적이자, 또한 표면적이다. 우리나라 역시 우주 개발 후발주자를 자청하고자 각고의 노력을 기하고 있다.
　일본은 지난 1990년 달 탐사선 '히텐' 발사에 성공했다. 이후 2007년 '셀레네 프로젝트'의 이름으로 달의 표면과 토질, 성분 등 고급정보의 수집단계에까지 이르렀다. 같은 해 중국은 '창어 1호'를 달 궤도에 올렸고, 그 후 6년이 지난 2013년 무인 탐사로봇을 달 표면에 착륙시키는데 성공했다.
　중국은 이후 '창어 4호'를 통해 전 세계 최초로 미지의 영역으로 점철됐던 '달의 뒷면' 착륙이라는 기염을 토해냈다. 인도 역시 지난 2008년 '찬드라얀 1호'를 달 궤도에 무사 안착시켰다. 우리나라는 내년을 달 궤도 진입의 분수령으로 보고 있다.
　이제는 탈 지구화를 넘어 태양계 행성으로 눈을 돌려야 할 때다. '깊은 우주'로의 진출을 꾀하기 위한 각국의 노력이 고무적이다. 아랍에미리트[UAE]는 최근 '화성'을 우주산업의 전초기지로 삼았다. 프로젝트명 '화성 2117.' 바로 '100년 뒤 인류가 살 수 있는 화성 도시 건설'의 청사진을 제시한 것이다.

우주 사업 도약을 위한 우리의 몸부림은 지난 30년을 걸쳐 가열 차게 진행돼왔다. 정부와 우주산업 관련 연구시설 등을 중심으로 '오롯이 대한민국의 기술력이 투영된 인공위성 개발'의 명분과 동기, 실질적 기술개발에 소리 없이 매진해왔다.

그 산물로 세계 10번째 안에 드는 엔진 개발에 성공했다. 이로 말미암아 오는 2021년 대한민국 형 발사체 '누리호'의 시범 발사를 위해 총력을 기울이고 있다. 바야흐로 (우주산업 간) 중진국을 넘어 선진국의 문턱을 넘어가려는 시점이다. 이제는 대한민국도 우주산업을 '공공산업'의 특정성에서 민간이 주축이 되는 뉴 스페이스 시대로의 도래를 겸허히 받아들여야 할 때라는 또 다른 증명이다.

여기에는 '분석'의 힘과 그간의 경험, 인프라, 기술력이 녹아든 '빅데이터'의 활용이 주효할 것으로 보인다. 이와 함께 세계 우주 산업에 뒤처지지 않기 위한 최신 트렌드 분석과 상시적 동향 파악이 전제돼야 한다. 정부와 기업, 학계의 초월적 만남. 이것이야말로 우주 산업의 '시대적 사명'이다.

# 현실화 되는 우주여행

# 다 같이 돌자 지구 한 바퀴

'여행'은 '간다'라는 말보다 '떠난다'는 의미가 더욱 와닿는다. 개별로의 니즈는 판이하겠으나 여행 자체로의 이미지란 목표를 설정하고 그곳에 도달하겠다는 명분보단, 지금의 자리에서 훌쩍 벗어나 훌훌 털고 떠나보리라는 홀가분함이 조금 더 맞닿아있지 않을까. 언뜻 보면 말장난인가 싶지만, 자세히 들여다보면 그럭저럭 맞아떨어지는 부분도 있을 터이다.

하지만 그 같은 여행지가 산·들·바다, 특정 도시, 국가가 아닌 '우주'라면 여행의 근간부터 달라진다. 파이는 넓어지고 스케일은 크다 못해 무한정 해진 상황이 연출된다. 1990년대 초반, 꽤 인기리에 방영됐던 '2020년 0000'이라는 애니메이션 속 우주의 풍광이 지금의 내 눈 앞에 펼쳐진다면 어떨까. 현재 기준으로 비춰볼 때 2020년은 이미 시작 됐다.

특수 임무를 띤 특별한 '우주인'의 전유물 정도로만 여겨졌던 우주로의 발걸음이 이제는 '민간 우주여행'의 캐치프레이즈로 우리 곁에 성큼 다가왔다. 물론 진정한 대중적 상용화의 과정에는 갈 길이 멀지만, 어찌 됐든 현재의 우주여행은 '허상', '공상', '상상' 정도로 치부되던 '감정의 산물'이 아닌, '현실', '목표', '가능'으로 점철된 '이성적 사고'로 탈바꿈될 가능성이 높아졌다.

실제 '테슬라모터스'의 CEO로 우리에게 익숙한 '앨런 머스크'는 최근 민간 우주개발기업 '스페이스 X'를 설립했다. 스페이스X는 달과 화성으로 발사하기 위해 고안된 유인 발사체 '스타십'의 시제품 공개 직후, 6개월 내 '우주 궤도' 진입을 공언했다.

영국의 '버진 그룹'의 회장인 리처드 브랜슨은 '스페이스 십2' 라는 이름의 바야흐로 '여행을 위한 우주선'을 첫 출연시켰다. 이 우주선은 최근 음속의 약 3배를 상회하는 속도로 비행하며, 고도 약 52mi, 약 83km를 상공에 이르렀다가 지구로의 무사 귀환에 성공했다. 명실공히 '민간 우주선'의 첫 시험 비행에 '절반의 성공'은 거둔 셈이다.

우리나라에서도 민간 차원의 우주산업에 가일 층 박차를 가하고 있다. 최근 미래창조과학부는 대한민국의 독자적 기술력을 보유한 '중형 위성' 개발을 위한 기업 공모에 들어갔다. 이 중형위성은 사실상 우주 여행으로의 모멘텀은 아니다.

정확히 말하면 차세대 '위성 플랫폼' 확보 및 '고정밀 공간 정보' 등을 위한 국토 관측을 위함인데, 어찌 됐건 우주산업에 민간의 참여가 시도된다는 점에서 대한민국 우주개발의 청사진은 어느 정도 제시된 것으로 보인다.

이번 연재는 조금의 상상력을 가미해보자. 어느 날 감당할 수 없는 돈벼락을 맞게 돼 돈을 숨 쉬듯 써도 모자람이 없을 지경에까지 이르렀다. 지구촌 갈 만한 곳은 모두 눈도장을 찍어버린 터라, 무료해진 터에 무턱대고 이제는 '탈 지구화'를 선언한다.

이 와중에 리처드 브랜슨의 스페이스십 2가 시범 운행과 안전도 테스트를 완료 후 본격적인 우주 여행객을 모집하기 시작했다. 우주 궤도를 약 한 달여 간 유영하는 코스를 채택했다는 (여행) 상품 설명을 들었다. 바로 계약을 했다. 이제 고전 개그의 유행어가 아닌 정말 '지구를 떠나버릴' 그날이 얼마 남지 않았다.

## 지구 한 바퀴에 1시간 30분 걸려

우주정거장을 통해 지구 지름을 모두 훑어 내려가는데 총 1시간 30분이 소요됐다. 참고로 지구의 크기는 40,074 ㎞로, 만약 동요 속 가사처럼 '지구는 둥그니깐 자꾸 걸어

서' 지구 한 바퀴를 돌아보고자 한다면 약 417일이라는 시간이 소요된다.

물론 전제는 있다. 성인의 통상 걸음의 속도를 시속 4㎞ 정도로 보고 단 한 번의 쉼 없이 도보해야 한다. 잠도 자지 않고 밥도 먹지 말아야 하며 심지어 화장실도 금지다. 그리고 지구의 둥근 지름을 평평하게 펴낸 뒤 그 어떠한 장애물도 없이 계속해서 걸을 수 있다는 가정 하에 저 정도 시일이 걸린다는 계산이다.

여기에서의 일출과 일몰은 약 20번 가까이 반복된다. 우리가 흔히 접해오던 태양 빛은 지구 대기를 통과해 우리 눈을 비추다 보니 그 광채가 통상 '눈이 부시다' 정도였는데, 이곳은 대기권 밖이다 보니 태양 빛의 여과가 이뤄지지 않아 창문조차 열기 두려울 지경이다. 지구에 돌아가거든

감히 '직사광선'이라는 말을 함부로 입에 올리지 않으리라.

우주 정거장 속의 시간은 낮과 밤이 없는 터라 시간보단 '날'의 개념으로 본다. 참고로 우주 정거장은 우주선이 부품을 쏴 올려 '도킹'하는 방식으로 제작됐다. 여기서 도킹은 우주선이 우주 공간 내에서 다른 비행체에 접근, 결합하는 일련의 작업을 의미한다.

식사는 냉동 밥으로 해결한다. 잠은 나무처럼 서서 청해 본다. 사실 옆으로 자나, 뒤로 자나 '무중력 상태'에선 별반 다를 게 없다. 무중력 상태란 말 그대로 중력의 가속도가 '제로'화 돼 무게를 전혀 느끼지 못하는 단계를 뜻한다.

참고로 우주 비행을 위한 조건을 알려주겠다. 비록 여행이라 할지라도 그 장소가 우주인만큼 돈만 있다고 누구나 자유로이 선택할 수 있는 사양이 아니다. 기본적으로 암막의 수천, 수백 배에 이르는 우주 암흑 속에 본의로 갇혀 있다가 보니 좋은 시력은 필수다. 아울러 극단적 고·저 혈압자는 애초 여행 대상에서 제외다.

## 천문학적 우주여행 비용

위에서 언급했듯 웬만한 돈벼락을 맞지 않는 한 우주여행은 목표보단 꿈 정도로 설정하는 것이 정신 건강에 좋다. 일단 우주정거장 방문 비용으로만 우리나라 돈으로 700억 가까이 든다. 모든 사양을 차치하고 딱 (로켓) 교통비만 책정한 금액이다.

우주 정거장을 둘러본 후 지구 유영을 마친 이들은 이제 잠자리에 들어야 할 시간이다. 숙박비는 1인 1박 기준으로 4,000만 원을 우습게 넘어간다. 그런데 이것을 결코 비싸다고 여길 필요는 없다. 우주라는 특수성을 덧붙여 산정된 금액인데다, 지구상에서 가장 비싼 호텔로 일컬어지는 스위스 한 호텔의 경우 스위트룸 기준, 1인 1박에 약 8만 달러<sup>한화 1억 원 수준</sup>를 청구한다고 하니, 이 정도면 '우주 프리미엄' 치곤 꽤나 저렴(?)한 편으로 참고 넘어가보자.

## 우주에선 미각 느낄 수 없어

화성에서의 생존기를 그린 영화 '마션'에서는 행성에 고립된 주인공이 자신과 떠나간 동료들이 그간 배설해 둔 인분을 활용, 화성에서 생성된 흙에다 이 인분을 깔아 거름으로 이용해 감자 싹을 틔우는 장면이 나온다.

이처럼 모든 것이 열악한 우주 여행에서 인분은 '재활용의 가치'로 제격이다. 실제 전문 우주 비행사들은 물이 부족한 우주 환경을 극복키 위한 대안으로 자신의 소변을 필터링한 후 물 대신 음용하기도 한다.

이 물은 우주 용어로 '재활용수'라고 하는데, 재활용수의 추출 방식은 우주 비행사의 몸 밖으로 배출된 땀과 소변 등의 수분을 지정 탱크에 저장 후 끓인 뒤 거기서 나온 수증기만 별도로 모아 여과해 내는 것으로 알려진다.

우주 식품의 기본은 '건조'다. 단순 편의의 차원을 넘어,

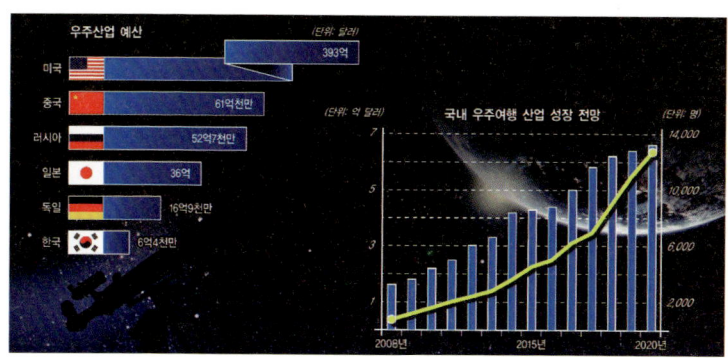

음식의 분말 가루 또는 국물이 진공상태서 제멋대로 날아다니다 우주선 내부 기기에 잘못 스며들기라도 한다면 기기의 오작동을 일으킬 공산이 크다는 이유에서다.

'우주 미아'로 남기 싫다면 우주에서의 음식은 웬만하면 가루 등의 부스러기가 생기지 않을 고체 성분이 적당하며, 굳이 고집을 부려가며 액체를 섭취하고 싶다면 반드시 빨대를 이용하는 것이 정신 건강에도 좋다.

우주인들이 우주 유영을 마친 후 지구에 첫 발을 내딛는 장면을 떠올려보자. 우주인 대부분이 제대로 서 있지 못한 채 추풍낙엽 인양 휘청거리기가 일쑤다. 그도 그럴 것이 중력이 없는 곳에서 수일을 지내 오다 보니 칼슘과 질소의 양이 절반 이상 소멸됐기 때문이다.

칼슘은 뼈와 치아의 구성 요소로 근육과 신경 기능을 컨트롤 하고 혈액 응고에 영향을 끼친다. 질소는 단백질 상태로 직접 측정이 가능하게 혼합돼 있는데, 이는 곧 신체가 질소를 더 많이 배출한다는 의미와 단백질이 소비되는 지점이 일정 부분 맞닿아 있음을 의미한다.

우주에서는 '미각'이 느껴지지 않는다. 그 이유는 바로 '공기의 유무'로 설명될 수 있다. 미각의 주된 요소가 바로 냄새를 맡는 '후각' 기능인데, 후각의 원리 자체가 '냄새 분자 확산'에 의해 생성되는 만큼 공기가 없는 상태선 분자 확산이 불가하다는 이유로 해석된다.

우리에게 우주란 신비하고, 신기하며, 신기한 존재다. 그러나 한편으로는 두렵고, 어려우며, 이질적 대상이기도 하다. 이런 곳에 여행의 의미를 부여하는 게 지금으로선 조금은 허황하고 억지스러워 보일 수도 있다.

하지만 이것만 알아두자. 불과 30년 전만 하더라고 물을 돈 주고 사 먹는 행위, 들고 다니는 휴대용 전화기, 장소에 구애받지 않고 활용 가능한 노트북의 출현이란 더 허황하고 더 억지스러운 그저 '궤변'으로 치부됐다는 사실을.

미래 시간여행 정말 가능할까

# 4차원에서는
# 가능할 지도?

우리는 그간 많은 종류의 여행을 듣고, 접하기도 하며, 직접, 혹은 간접적으로나마 느끼고 체험해 왔다. 앞선 연재에서 다룬 '우주여행'으로 말미암아 피니쉬 라인을 끊은 줄 알았건만 이젠 하다하다 '시간 여행'에까지 다다랐다.

문제는 앞서 떠나온 여행들이야 간략한 개념 파악이나 정보 등의 취합 정도로 훌쩍(?) 떠날 수 있다지만, 이 시간 여행이라는 건 고약하게도 3차원과 4차원, '상대성 이론'을 일정 부분 득한 후에나 시도라도 해 볼 수 있을 터다.

그도 그럴 것이 지구의 자전과 공전으로 말미암아 돌아가는 자연의 섭리(시간)를 인력으로 되돌리거나 또는 빠르게 감아내기 위해선 거기에 깃든 과학적 요소와 제반 원리를 응당 거슬러 올라가야할 나름의 책무가 동반된다.

## 3·4차원이란 무엇인가

3차원은 쉽게 말해 우리가 살아가는 과거, 현재, 그리고 미래의 세상이다. 여기서 '차원'을 이해해보고자 한다면 '원점과 '축'의 개념부터 되짚어야 한다. 원점은 모든 축이 맞물리는 이른바 '만남의 광장'쯤으로 설명될 수 있다.

그렇다면 축이란 무엇을 의미할까. 축은 곧 '직선'과 동일선상으로 봐도 무방하다. 다시 말해 축 위의 두 개의 점은 원점과 같은 직선 위에 공존한다. 그러니깐 세 개의 점이 동일선상의 직선 위에 있는 전제 하에서 그중 하나는 반드시 원점이어야 한다는 것이다. 이 같은 선결 조건이 이뤄질 시 마침내 차원으로 넘어오게 된다.

여기까지 이해가 된다면 차원의 크기가 곧 축의 개수임을 파악할 수 있다. 축이 하나면 1차원, 두 개면 2차원이

되는 셈이다. 1차원은 뒤가 없다. 다시 말해 곡선이 없다는 의미로 풀이되는데, 예를 들어 직선 중 여분 공간이 하나라도 존재함을 가정한다면 이것이 바로 1차원의 세계다.

곡선의 시작은 2차원부터다. 1차원의 축에서 직각을 이루는 또 하나의 축을 만들어냈다면 그것이 바로 2차원이다. 이때부터 트라이앵글이 생성되고 원이 그려지게 된다. 3차원의 이해는 입체성을 지닌 '3D' 기술을 응용하면 되는데, 2차원의 축이 시간에 흐름에 의해 어떤 방향으로든 '동적 성질'을 보인다면 이때부터 입체가 생기고, 이것이 우리가 살고 있는 3차원의 세계다.

시간 여행을 반드시 가고자 한다면 4차원의 세계에 꾸역꾸역 진입해야 한다. 4차원은 또 다른 말로 3차원을 근간으로 한 '상상의 산물' 정도로 이해하면 된다. 우선 쉽게 가보자. 4차원은 말 그대로 4가지 차원으로 이뤄진 것을 뜻한다.

축의 개수에 따라 차원이 늘어나듯 우리가 살아가는 3차원 공간에 축을 하나 추가한다면 4차원이 탄생한다는 것이다. 물론 상상이지만은 말이다. 데굴데굴 굴러가는 입체 공(3차원)의 궤적을 상상하는 것이 바로 4차원이라는 의미다.

4차원을 학설적으로 종합하면 공간 축 상에서 이동한 거리와 시간 축 상에서 이동한 거리를 동일시하는 개념이다. 다시 말해 스페이스와 타임을 개별로 보지 않고 하나의 개념으로 본다는 것인데, 시공간이 맞물릴 그 시점이 도래할 적에야 과거 또는 미래로의 여행을 공상이라도 해볼 명분이 생긴다.

## 절대적 기준의 배제

차원의 이해가 일정 부분 이뤄졌다면 상대성 원리에 관한 파악도 덧붙여 봐야 한다. 우선 상대성 원리의 캐치프레이즈는 '절대적 기준의 배제'라고 보면 된다. 상대성 원리에서의 힘이란 시간과 공간의 개념은 개별로 주어진다는 것을 명시한다. 쉽게 말해 비록 동일한 공간에 처해진 사람들일지언정 각자가 느끼는 시간의 흐름은 결코 동일시해서는 안 된다는 논리다.

예를 들어 빠르게 이동하는 사람의 시간은 정지해있는 사람의 시간보다 반대로 느리게 가는 것이고, 개별의 속도로 빠르게 이동 중인 물체는 질량은 증가하는 대신, 길이가 짧아진다는 것.

이 같은 상대성 원리에 기댄다면 (시간 여행) 시도 정도는 기대해 볼 법하다. 이는 시간 여행 자체가 상대성을 함의하고 있기 때문인데, 빛보다 빠른 속도란 존재하지 않는다는 '로렌츠의 변환식'과 시공간은 중력에 의해 그 형태를 좌지우지 한다는 상대성 이론과 그 맥을 같이한다.

결론적으로 3차원의 시점에서 최단시간 내 동선이라 함은 2차원 기준, 찰나의 순간을 두고 삽시간에 공간을 이동하는 정도로 가정해볼 수 있는데, 이는 곧 중력으로 인해 얽혀버린 시·공간으로 말미암아 시간과 거리를 단박에, 다시 말해 '순간 이동'이 가능해진 통로를 생성시킨다. 이것이 바로 '웜홀'이다.

## 시간여행의 필수는 '빛의 속도'

시간여행의 선결 조건은 '빛의 속도'다. 빛의 속도는 초속으로 따져 29만9792.458km인데, 여기서 초속이란 사전적 의미로 '운동의 시작점에서의 물체 속도' 다. 시간 여행 자체가 가상이긴 하지만 이 가상을 한층 더 현실화시키기

위해선 '웜홀'이 전제돼야 한다.

웜홀이란 블랙홀과 마찬가지로 중력이 무한정 증가한 시공간으로 정의된다. 사실 가시적 요소로 발굴된 것은 아니다. 그저 이론, 거기에 공상을 덧붙인 현재로선 '미지의 공간'쯤으로 미뤄 짐작해보면 되겠다.

웜홀에서의 시간 흐름은 매우 느리다. 그 이유는 중력의 영향으로 설명될 수 있는데, 시간을 지체시키는 원인이 중력이며, 그 중력 자체가 웜홀에서는 무한에 근접하기 때문이다. 그렇다면 지금부턴 웜홀을 통과하는 시간 여행을 한번 가상해보자. 물론 어느 정도의 과학적 원리는 깃들어 있다.

우선 타임머신이 필요하겠다. 타임머신을 '빛 보다 빠른 우주선'이라 설정해 둘 필요가 있다. 그런 다음 웜홀의 입구를 지구에 착륙시킨다. 그리고 타임머신은 웜홀의 출구를 단 채(우주로의) 시간 여행을 시도해 보는 것이다.

이 웜홀은 지구 시간 대비, 약 50배 가까운 시간을 지연

시킬 수 있다. 한 마디로 웜홀이 '중력장'이 돼준다는 얘기다. 출구를 달고 비행을 떠난 타임머신이 다시 지구로 귀환해 지구에서 대기 중이었던 웜홀의 입구와 맞물리게 한다.

이제는 웜홀의 입구와 출구가 모두 지구상 존재한다. 위에서 언급했듯 시간과 공간은 이미 얽혀있는 상태다. 공상과 과학적 논리가 일정 부분 맞닿아 있는, 그렇지만 어디까지나 '상상'이다.

이 지점에서 시간 여행의 비밀이 조금은 해소된다. 2020년에 웜홀을 통과한 타임머신은 우주를 유영하며 나름의 시간 여행을 만끽한 후 약 1년이 흐른 뒤 현실로 복귀한다. 그런데 웜홀은 지구 시간과 비교, 50배의 시간 지연을 일으킨다는 것이라 앞서 설명했고, 물리적 시간은 비록 1년의 여행이었지만, 지구로의 현실 시점은 출발 후 50년이 지난 2070년이 된 셈이다.

종합해 보자. 타임머신의 출발 시점, 다시 말해 웜홀의 입구는 2020년이며, 돌아올 출구는 1년의 50배에 해당하는 2070년, 그러니까 이 여행객은 50년 전인 2020년의 과거로 회귀하는 상상과도 같은 시간 여행을 경험하게 된 것이다. 여기가 바로 이론과 공상의 접점이다.

우리에게 중력은 단순 지구가 우리에게 행하는 '끌어당기는 힘'을 의미하겠으나, 시간 여행자에게 만큼은 중력이란 시간과 공간의 왜곡을 나타내는 확실한 증거일 것으로 보인다. 다름 아닌 '질량'에 의해 말이다.

여기서 하나 더, 시간 여행의 필수 항목인 '뮤온'을 간과해선 안 된다. 우주선 내부에 포함된 고에너지 입자인 뮤온은 수명이 약 100만 분의 2초에 그친다. 이 정도 수명으론 광속으로 떨어진다손 치더라도 1㎞도 나아가지 못한 채 낙하해버리고 만다. 흔히들 뮤온을 두고 '우주 물질'이라고도 부른다.

다만 뮤온이라는 것이 빛의 속도로 이동하기 때문에 '역으로의 시간'은 매우 천천히 흐르게 된다. 이는 곧 뮤온에 적용된 시간의 흐름을 더욱 늦춰 미래로의 여행이 가능해진다는 가설로 풀이된다.

흔히들 우리는 이룰 수 있음을 '목표'라 하고, 이룰 수는 없지만 간절해마지 않은 것을 '꿈'이라고 지칭한다. 시간 여행이라는 소재는 어찌 보면 과거로 회귀하고픈, 또는 현재를 탈피해 더 나은 미래를 앞서 경험하고 싶은, 그러니까 인간의 본능적 욕구로 말미암아 탄생한 '허상의 산물'일 수도 있다.

다만 4차 산업의 모멘텀이 당시만하더라도 소위 말같지도 않던 상상력의 산물에 빗대 오늘의 현실과 마주한 만큼 시간 여행, 타임머신, 웜홀로의 흡수를 '가능성 있는 유쾌한 상상' 정도로 기대해봄이 어떨까.

# 가깝고도 먼 사이
# 태양과 지구

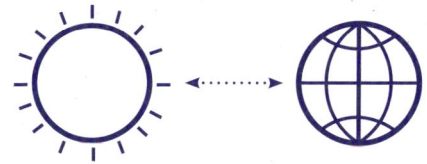

# 태양이 사라진다면 지구엔 어떤 일이?

 지구에 서서 태양의 오르내림을 살핀다. 해를 향한다는 '해바라기'에 '순정'을 입히고, 태양과 같은 젊은이에 '열정'을 대입한다. 작열하는 태양 빛에 가끔 눈을 찌푸려 보지만, 하릴없는 가난에 내몰린 이들에게 태양 빛은 오직 한 줄기일 뿐. 그래서 더 간절하다.
 태양은 뜨겁고, 지구는 둥글다. 둥근 지구를 뜨거운 태양이 감싸 안는다. 이 순수해마지 않는 원론적 원리가 우

리가 인식하고 있는, 또 우리가 살며 느끼는 태양과 지구의 정체성이다. 모르는 것이 아니다.

무지한 것은 더욱 아니다. 너무 가까이 있어 이 정도의 인지만으로도 충분하다는 것이다. '어머니'에 대해 특별히 공부하고 연구할 리 없다. 그저 '어머니'란 단어 하나로 통칭되고 느껴지는 것과 비슷한 맥락이다.

## 태양 이야기

수성, 금성, 지구, 화성, 목성, 토성, 천왕성, 해왕성 그 외 수많은 무명無名의 별들. 이 모든 행성들의 전체 집합이 바로 '태양'이다. 태양은 태양 하나로 설명된다. 스스로 빛을 발산하는 유일한 행성이기 때문으로. 더불어 지구 입장에서는 만물을 소생케 하는 이른바 'GOD'와 같은 존재다.

지구와 태양의 거리는 약 1억 5천만㎞다. 빛의 속도로 달린다면 10분이 채 걸리지 않는다. 빛의 속도를 수치화하면 초속 30만㎞에 이른다. 이것을 다시 시간으로 환산하면 시간당 10억㎞를 이동하는 셈이다. 단 1초의 시간으로 지구 둘레를 8바퀴 가까이 돌 수 있는 속도다.

이 지점에서 지구의 정체성이 드러난다. 바로 '생명체 존립의 최적지'라는 것인데, 학계에서는 태양과 약 2억 5000만㎞ 떨어진 행성과 약 1억3000㎞이내 위치한 지점에서는 물 생성 가능성을 희박하게 본다. 얼어 버리거나 증발해 버리기 때문이다. 그 중간에 자리 잡은 지구는 70%의 물로 이뤄져 있다.

　태양의 컬러는 '레드'로 상징된다. 태양이 붉은 색으로 보이는 것은 '레일리 산란'의 원인인데, 레일리 산란이란 빛의 파장 대비 극소량의 분자와 입자들에 의한 산란작용을 의미한다. 실제 태양은 백색 혹은 매우 옅은 청백색을 띤다.

　태양의 지름은 약 139만km이다. 이는 지구 대비 110배 가까이 큰 규모이며, 그 무게만 해도 지구 질량의 약 33만 배에 이른다. 태양계의 모든 행성들을 크로스 한 질량보다도 800배 가까이 무거운 수준. 가히 '태양계의 어머니'라는 심벌이 예사로 나온 것이 아니라는 방증이다.

　태양의 내부는 가장 안쪽에 위치한 핵과 복사 층, 대류 층으로 각 이뤄진다. 태양의 핵은 태양 중심을 기준으로 20% 범위에 위치하는 지점으로 태양계 전체를 아울러 가장 뜨거운 부분이다. 약 1억5천만℃다.

　태양 복사 층 은 태양 핵으로 말미암아 파생한 에너지를 복사 형태로 대류 층에 연계하는 지점이다. 대류 층은 상승 기류가 뜨거운 물질을 광구까지 올려 보냄으로써 발생하는 포인트다. 광구란 '태양의 표면'을 의미하며, 복사 층의 상층부로부터 열을 전달 받는다.

　태양의 밝기는 독보적이라 할만 하다. 밝기 등급으로 -26.8 수준인데, 절대 등급 기준으로는 10pc다. 우리가

흔히 접할 수 있는 보름달과 견주어 보자. 보름달의 등급이 -12.5 정도임을 상기해보면 등급으로 볼 때 5등급 정도의 차이가 난다. 등급별로 20배 정도의 차이임을 감안할 때 태양과 달의 밝기 차이는 100배 정도 난다고 보는 것이 정설이다.

태양은 태양계 행성은 물론이거니와 지구 입장에서도 '만물소생'의 근원과도 같은 존재다. 다른 부분은 차치하더라도 지구에서 살아 숨 쉬는 모든 생물은 태양으로 말미암아 파생된 열과 빛에 의존, 생존을 영위해 간다.

그렇다면 태양의 소멸로 인해 미치는 영향은 어떤 것들이 있을까. 상상하고 싶지 않지만, 46억 년을 지내온 태양이 만약 사라질 때 결론부터 알아보자. 우리는 '지구의 멸망'을 하릴없이 만끽해야 할 순간을 오롯이 맞이해야 할 터.

태양이 사라진다면 지구는 태양의 인력 범주를 벗어나게

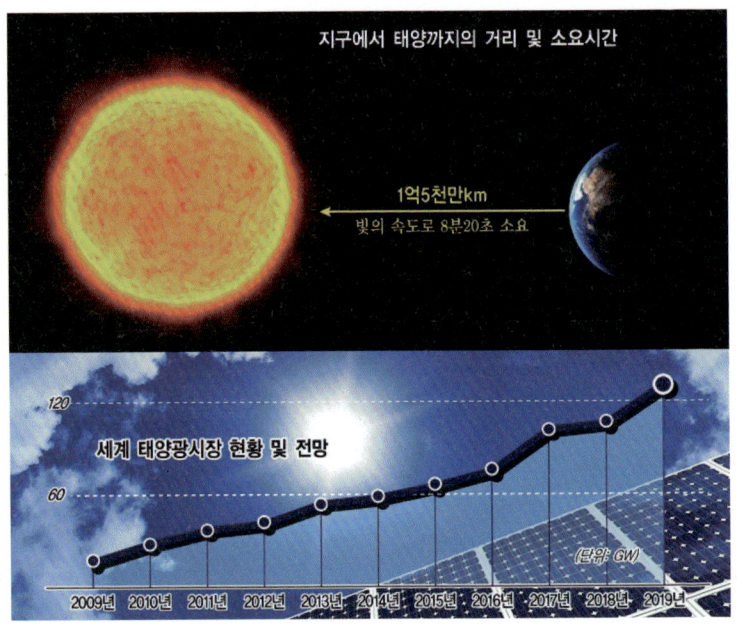

될 것이다. 인력은 다른 말로 '중력'이라고도 하는데, 인력은 '운동 에너지'의 발생 근원이다. 다시 말해 태양 인력의 영향으로 물체는 '뉴턴의 만유인력법칙'과 같이 낙하운동을 하고, 고기압은 위로 저기압은 아래로 상승하는 것이다.

만약 지구에서의 인력이 소멸한다면 각종 빌딩과 또 다른 지각층은 우주 세계로 일거에 빨려 들어갈 것이다. 그간 중력의 영향을 받아온 대기권 역시 원치 않는 우주 유영을 해야 할 것이며, 종국에는 지구의 내부 구조가 다방면으로 분열되는 초유의 사태마저 준비해야 될지 모른다.

쉽게 말해 태양의 인력으로 고정돼 온 지구가 일순간 태양의 손을 놓쳐버린다면 지구는 공전 속도에 버금가는 초속 30㎞의 속도로 광활한 우주 저편으로 날아가 버리게 될 것이다. 그 과정에서 우주 곳곳에 자리 잡고 있는 소행성과의 충격을 그 어떠한 제어 없이 수용해야 한다면, 그저 끔찍할 따름이다.

비 역시 내리지 않을 것이다. 지구 대기의 '대류현상'은 태양열로부터 비롯되는데 태양이 사라진다면 당연히 구름은 생성되지 않을 것이고, 식물의 생성을 촉진하는 수분 공급도 비가 오지 않음으로써 일순간 정지돼 버릴 것.

뜨거운 물이 온도가 올라가면서 밀도가 작아짐에 따라 부피가 팽창하는 것을 대류라고 한다. 다시 말해 위에서 언급 했듯 뜨거운 것은 위로, 차가운 것은 아래로 내려가는 현상을 뜻한다.

태양 빛이 없다면 광합성도 기대할 수 없다. 광합성은 녹색식물이 태양 에너지를 이용, 이산화탄소와 수분으로부터 포도당 등의 유기물을 생성시킨 후, 산소를 분출하는 과정을 의미한다.

식물들이 광합성을 수용할 수 없으니 생육 자체는 불가해질 것이다. 초식동물들은 주요 먹거리가 사라져 더 이상 존립이 힘들어 짊이 자명하다. '사시사철'의 의미도 퇴색될 듯하다. 우주의 평균 온도가 영하 280℃에 채 미치지 못한다는 것을 감안할 때, 태양이 없는 지구에서의 냉기류는 쉬 가늠하기 힘든 만큼의 고통이다.

## 지구 이야기

　지구가 태양계 유일의 '생존 적지'라 일컬어지는 데엔 '물'의 매개가 전체를 차지한다. 지구는 물의 행성이자, 태양과의 이상적 범주 내 위치해 있음에 따라 삶이 가능한 기온 분포를 보인다. 물론 지구에 존재하는 물의 97%가 바닷물이다 보니 음용으로의 물 비중은 그리 높지 않다. 하지만 단 2~3%의 물로 지구는 자가 호흡이 가능한 독보적 행성으로 인식된다.

　지구의 표면은 '지각'으로 대신할 수 있다. 지각은 크게 '해양지각'과 '대륙지각'으로 나뉜다. 해양지각은 해양범위에 맞물린 암석권의 일정 부분을 의미한다. '모호면'을 통해 그 하부에 위치한 '연약권'과 구별, 지각 평형을 통해 연약권 상부에 위치한다. 모호면은 '모호로비치치 불연속면'이라도 불리는데, 지각과 맨틀의 경계 부를 뜻한다. 그리고 연약권은 명칭 그대로 지표면 아래 100km~200km 사이에 분포된 유연한 암석층이다.

　학계에선 지구의 유래를 약 45억 년 이전으로 본다. 이는 1950년 중반 활동한 영국과 미국의 지질학계로부터 비롯된 가설인데, 측정치는 지구 암반을 대상으로 한 '방사성 연대측정법'을 통해 밝혀졌다.

　방사성 연대 측정의 원리는 이렇다. 지구에 분포돼 있는 100t 가량의 방사성 탄소를 통해 우주방사선을 활용, 그

양을 일정하게 유지한다. 생물의 들·날숨 등의 체내 방사성 탄소 양 역시 대동소이한 수준으로 일정화 한다. 이후 호흡이 멈추는 상황을 체크, 탄소의 양이 줄어드는 시점을 파악해 내는 원리다. 이를 통해 지구 또는 각종 고대 유기물 등의 연대를 측정할 수 있게 된다는 것.

고대 그리스에선 '천동설'을 믿었다. 당시 대표적 과학자인 프톨레마이오스와 아리스토텔레스 등의 학파에서 주창한 학설이었는데, 천동설이란 말 그대로 우주의 중심을 지구로 보고, 모든 행성은(태양 포함) 지구를 주체로 해 그 주위를 돈다는 논리다.

하지만 이후 폴란드 출신의 천문학자 코페르니쿠스에 의해 지금의 '공전', 다시 말해 태양 주위를 지구가 돈다는 '지동설'이 이른바 '혁명적 가설'로 각광 받기에 이른다. 하지만 지동설 이론은 코페르니쿠스 발표 이후 500여 년이 흐른 후에야 로마 교황청으로부터 인정받게 된다.

지구가 둥글다는 불세출의 원론은 16세기 망원경의 발명으로 말미암아 비로소 인지하기에 이른다. 이는 의외로 신변잡기의 발견으로 비롯됐는데, 당시 해안가에 거주하는 사람들이 수평선 너머까지 운항하는 선박의 몸체가 돛보다 먼저 시야에서 사라지는 것을 확인, 이를 통해 지구의 모양이 둥글다는 사실을 알 수 있게 됐다는 설이 가장 유력하다.

 SF영화의 단골배경 태양계

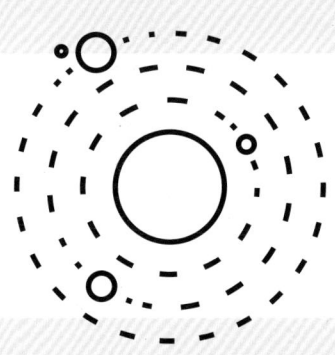

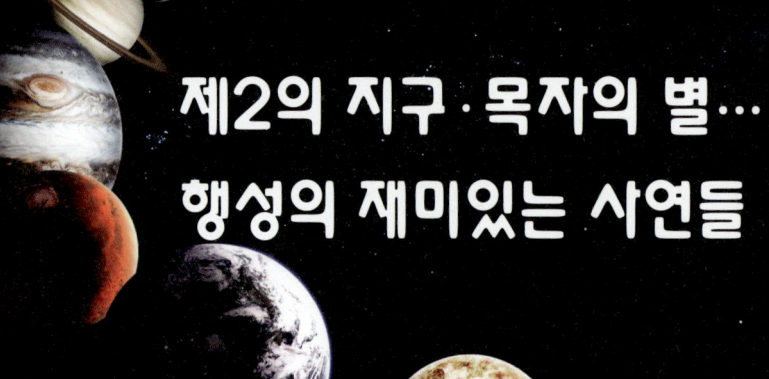

# 제2의 지구·목자의 별…
# 행성의 재미있는 사연들

너무 굳어져 '관용적 표현'이 자연스럽다. '샛별'처럼 반짝이는 누군가의 눈망울이 그랬고, 둘레를 감싸 도는 고리 문양에 흠뻑 도취 한다. 또한 SF영화의 단골 배경이 되기도, 푸른 빛의 상징쯤으로 일컬어지기도 한다.

태양계를 둘러싼 행성은 개별로 가진 사연들이 있단다. 물과 공기의 유·무에서부터 생명체의 생존 여부, 지구에서는 생각하지도, 구태여 생각할 필요조차 없는 행성만의 고유 사례와 형태, 정체성을 비록 신비롭시만 그저, 신변잡기로 풀어보고자 한다.

## 수성

태양의 온도는 1억 5천만℃에 육박한다. 물론 태양 전 방위의 평균온도는 아니다. 핵 중심을 기준으로 '핵융합 반응'

에 의해 발발하는 최고치다. 오만했던 이카로스의 밀랍 날개를 일거에 녹여버렸던 태양의 열정에 '수성'은 가장 가까이에 자리 잡고 있다. 태양과 수성과의 거리는 5천791만㎞다.

그렇다고 수성이 가장 뜨거운 행성이라고 하기엔 어폐가 있다. 사실 켜켜이 쌓인 이산화탄소로 인해 열 순환이 이뤄지지 않는 '금성'이 한 걸음 떨어져 있음에도 갑절로 뜨겁다. 반면 수성은 태양과 근접해 있으나 열의 원활한 방출로 인해 금방 식어버린다.

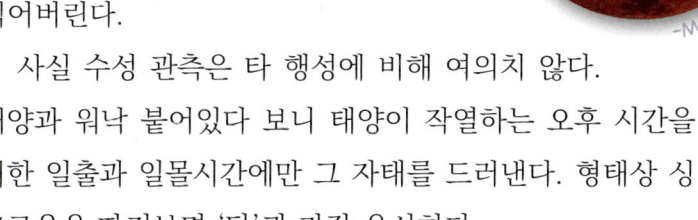

사실 수성 관측은 타 행성에 비해 여의치 않다. 태양과 워낙 붙어있다 보니 태양이 작열하는 오후 시간을 피한 일출과 일몰시간에만 그 자태를 드러낸다. 형태상 싱크로율을 따져보면 '달'과 가장 유사하다.

수성은 작다. 우리가 사는 '지구'를 기준으로 해서다. 전체 질량은 지구 대비 5% 내·외 수준이지만 밀도로 따지면 100% 가까이 지구와 일치한다. 아이러니한 지점이다. 기온은 변화무쌍하다. 흔히들 말하는 '일교차'란 수성에서는 명함조차 내밀지 못한다. 영하 200℃에서 450℃까지 이른 바 고·저의 극점을 각각 달린다.

이유는 간단하다. 수성에는 공기가 없다. 그리고 자전속도 또한 0.003㎞/s로 느리다. 공기가 없으니 당연히 눈·비와 같은 대기현상은 일어나지 않는다. 씻겨 내려가는 과정이 없다보니 운석 간 충격으로 발생한 구덩이가 곳곳에서 발견된다. 그 구덩이가 바로 '크레이터'다.

이를 수치화해보자. 수성의 자전 속도를 기준으로 주기를 나눠보면 59일 정도다. 지구의 자전속도가 24시간, 하루인 점을 감안해볼 때, 수성의 하루는 60일 가까이 되는 셈이다. 참고로 수성의 1년은 90일 정도다. 다시 말해 수성에서의 일출과 일몰은 지구 입장에선 2년 가까이 걸리는 꼴이다.

조선시대에는 수성을 '진성'이라고 불렀다. 고대 그리스에서는 특이하게도 수성을 두 개의 행성으로 착각하기도 했다. 새벽의 수성을 '아폴로', 밤에 보이는 수성을 '헤르메스'라 칭했다고 전해진다.

## 금성

흔히들 아름답거나 예쁜 눈을 두고 '샛별' 같다고 한다. 샛별의 원주인이 바로 '금성'이다. 이름값을 하듯 금성의 또 다른 이름은 미의 여신 '비너스'다. 그리고 샛별처럼 반짝이는 금성은 어두운 우주 험로를 비춰준다고 해 '길라잡이', '목자의 별' 등으로 통칭된다.

위에서 언급했듯 금성은 이산화탄소의 결집체다. 그렇다 보니 천체망원경으로는 관측이 쉽지 않다. 하지만 절기에 따라 모양을 달리하는 달과 같이 금성 또한 그 형태를 달리한다. 물론 뿌연 점 정도로 보이는 게 맹점이지만 말이다. 그래서 금성의 관측을 위해선 긴 파장의 전파 기술이 필수다.

금성도 지구에 비하면 소규모다. 지구 대비 약 700㎞ 정도의 작은 크기다. 금성과 지구는 가까운 듯 반대다. 지구와 가장 근접한 위치에까지 접근하는 행성이자, 지구와 달리 서쪽에서 해가 뜨는 특징을 보인다. 금성의 하루는 지구의 반년을 훌쩍 넘는 250여 일이며, 묘하게도 공전보다 자전의 시간이 더 길다. 이것은 마치 해가 서쪽에서 뜰 일이다.

## 화성

영화 '마션'을 비롯한 각종 공상과학 영화의 주요 무대다. 그도 그럴 것이 화성의 또 다른 정체성이 바로 '제2의 지구'. 지금으로부터 10년 전 NASA는 화성에 흐르는 물줄기를 공식 인정·발표 했고, 이로 말미암아 대체 지구의 선봉장쯤으로 인식되고 있다.

하지만 화성 역시 공기량은 절대 부족이다. 대기가 모자란 이유는 턱 없이 작은 중력이 주요 원인이다. 화성의 중

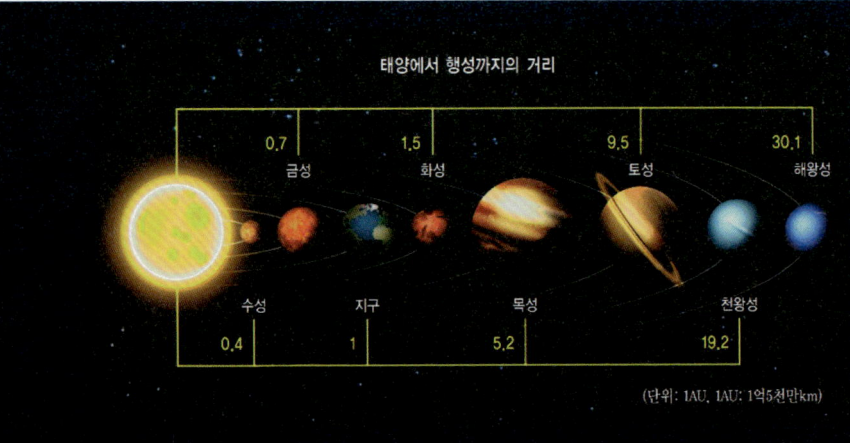

력은 지구의 40% 수준에도 채 미치지 못한다. 1t 트럭이 화성에 간다면 400㎏을 넘기지 못할 정도다. 실제 화성의 평균 온도는 영하 90°C에 육박한다. 공기가 없기에 당연히 열을 머금을 수 있는 여건은 전무하다.

화성의 컬러 이미지는 붉다. 열정직이자 선농성이 짙다. 그렇다 보니 고대 그리스에선 화성을 '아레스'라고 불렸다. 아레스는 전쟁의 영웅이자 신으로 상징된다. 화성의 하루는 제2의 지구라는 타이틀이 무색하지 않을 만큼 지구와 대동소이하다. 40분 정도 더 길다고 보면 된다. 다만 화성에서 1년이 지구에서는 2년이다. 공전 주기가 2배인 셈이다.

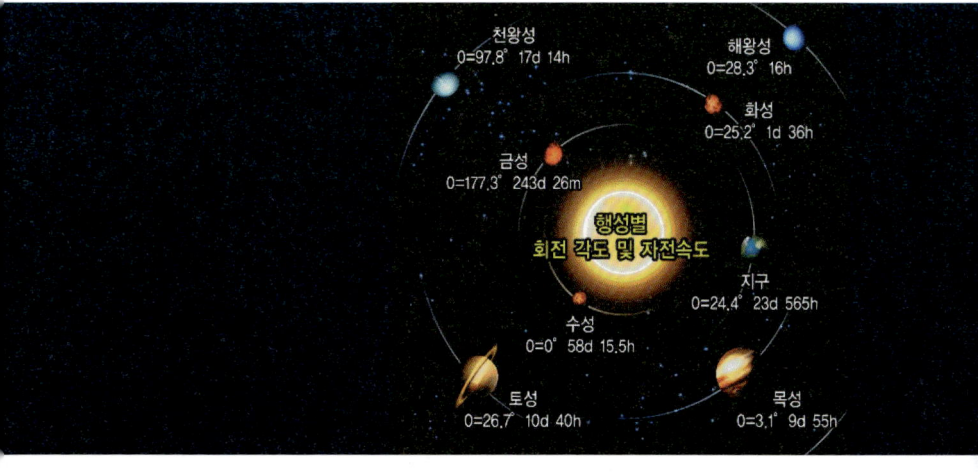

## 목성

'자이언트 행성'이라고 해도 무방하다. 태양계 행성 중 가장 크다. 그리고 무겁다. 지구 기준으로 부피는 자그마치 1,400배를 훌쩍 넘긴다. 하지만 부피 대비 질량은 작은 편이다. '암석형'인 지구와 달리 목성은 '뜨거운 가스형'이기 때문이다.

목성에는 거대한 붉은 포인트가 나타난다. '대적반'이라고 불리는데, '적갈색 소용돌이'라고 흔히들 부른다. 지구의 5배나 되는 큰 저기압의 구름 소용돌이로 대적반은 지구 2개를 포함할 만큼의 크기다.

목성의 자전 속도는 태양계 행성 중 단연 수위다. 약 12.6㎞/s로 목성의 하루는 10시간을 채 넘기지 않는다. 목성의 형질은 기본적으로 기체로 구성돼 있다. 그렇다 보니 태양과 마찬가지로 '차등 자전'을 한다. 차등 자전은 한 천체 내 위치나 거리에 따라 자전 주기가 달라지는 것을 뜻한다.

목성은 그 크기만큼이나 많은 위성을 거느리고 있다. 현재까지 확인된 위성 수만 해도 63개에 이른다. 다른 말로 '목성계'라고도 부르는데, 이 위성들은 크게 목성의 인력으로 인해 생성된 '불규칙 위성'과 목성의 탄생과 아울러 형성된 '규칙 위성'으로 나뉜다.

## 토성·천왕성·해왕성

우선 환상적이다. 통상 행성을 떠올리거나 이미지화할 때 가장 먼저 각인되는 것이 바로 '토성'이다. 지구보다 10배가 큰 토성이 이처럼 아름다운 이유는 따로 있다. 바로 토성을 감싸고 있는 '띠'가 그것이다.

토성의 띠는 다른 말로 '고리'라고 하는데, 이는 주변 소행성의 잔해물이나 먼지, 얼음 조각들이 모여 생성된 것이라는 학설이 가장 유력하다. 참고로 토성의 고리와 같이 선명하지 않을 뿐 목성과 해왕성에도 황토색, 얼음조각 등으로 둘러싸인 고리를 가지고 있다.

천왕성의 캐치프레이는 '청록 빛깔의 서늘한 행성'이다. 이는 태양 빛의 적색 파장을 흡수, 이로 인해 청·녹색 파장들의 많은 양을 반사하기 때문으로 풀이된다. 1700년대 후반 영국의 한 천문학자로부터 발견된 이 행성은 평균 온도 영하 215°C를 유지할 만큼 추운 행성이다. 천왕성의 특이점은 자전 형태로 살펴봐야 한다.

일반 행성의 자전 방향은 서에서 동으로 이뤄진다. 이것은 공전도 마찬가지다. 하지만 천왕성의 자전축은 마치 누워있는 듯 기울어져 있어 자전과 공전의 방향이 반대로 보인다. 우스갯소리로 천왕성을 '거꾸로 행성'이라고 부르는 이유가 바로 여기에 있다.

해왕성은 행성계의 막내다. 최근 명왕성이 작은 크기와 궤도의 불규칙성을 이유로 사실상 행성 계에서 퇴출 된 이후 해왕성은 명실공히 태양계의 '마지막 행성'으로 이름을 올렸다.

해왕성은 푸르다. 그 이유는 공기 중에 포함된 '메테인'의 영향인데, 메테인은 탄소 하나와 수소 네 개로 이뤄진 탄화수소, 알케인 화합물을 의미한다. 흔히들 '메탄'이라고도 부른다. 해왕성 표면에는 '대흑점'이 있는데 이는 해왕성에서 일고 있는 '반 시계 방향'의 거대 폭풍이다.

하지만 아이러니하게 매캐한 메탄가스와 흡사 '블랙홀'과 같은 대흑점이 해왕성을 '아름다운 행성'으로 꼽는 이유가 된다. 그저 '서글픈 인생'을 빗대는 듯하다. 마치 멀리서 보면 '희극'이고 가까이에서 보면 '비극'인 듯 말이다.

또 다른 나의 표현
유전자

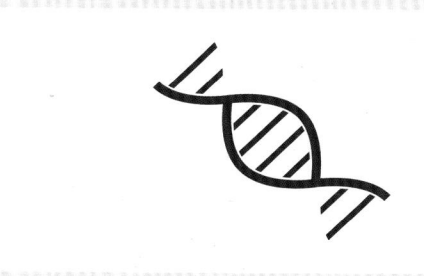

# 이중나선의 신비함
# 인류의 삶을 바꾸다

 죽은 자도 말은 있다. 비록 볼 수도, 말을 할 수도 없지만 죽은 이는 억울함을 남긴다. 그리고 또 다른 메시지를 전달한다. 다름 아닌 '유전자'라는 매개로 말이다. 유전자는 과거를 기록함으로써 현재를 토로하고 아울러 미래를 제시한다. 숨기고 싶어도 결코 숨길 수 없는 유전자의 속성이다.
 유전자 감식의 시작은 1980년대 중반, 영국으로부터 비롯된다. 이후 이 같은 감식법은 강력범죄나 친자 감정, 유해 발굴의 사안 등에 전방위적으로 활용되고 있다. 유전자 감식이 범죄 판별의 첫 사례로 등극한 것은 1987년 미국에서부터였다. 이를 시초로 유럽과 아시아 전역으로 유전자 감식의 신뢰도는 점차 제고되기에 이른다.
 우리나라에서는 이른바 세기말로 일컬어지는 1990년대 후반부터 유전자 감식이 사건 현장 곳곳에 도입됐다. 당시 지존파 사건이나 삼풍백화점 참사 등 굵직한 사건에서 유

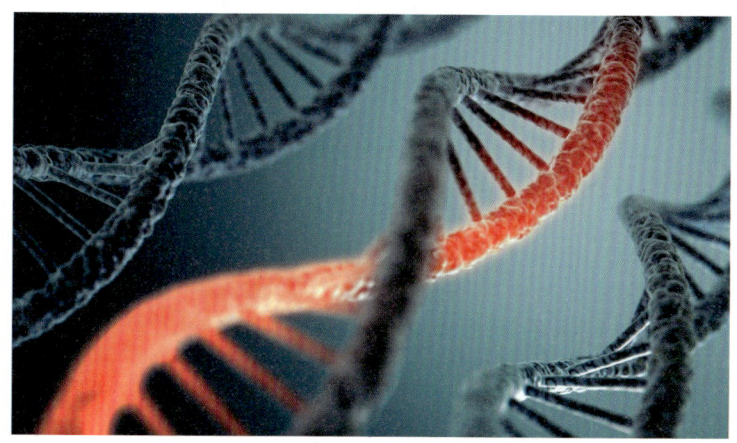

전자 식별의 중요성이 대두되기 시작했다.

유전자는 '명확성'을 내포한다. 다시 말해 켜켜이 쌓인 '심증'이 모여 부정할 수 없는 '물증'으로 발현되는 셈이다. 그것은 유전자가 지닌 개별의 고유성에 기인한다. 유전자는 '우리'가 아닌 유일한 '나'이다. 이는 곧 진실과 마주할 시간을 유전자가 주선함을 의미한다.

## 이중나선 구조의 DNA

'DNA', deoxyribonucleic acid의 약어다. 흔히들 유전자와 DNA를 동일선상으로 보는 경우가 있는데, DNA는 핵산의 범주로 히스톤 단백질과 더불어 염색체를 형성, 유전자를 이루는 물질 정도로 이해해 볼 수 있다. 다시 말해

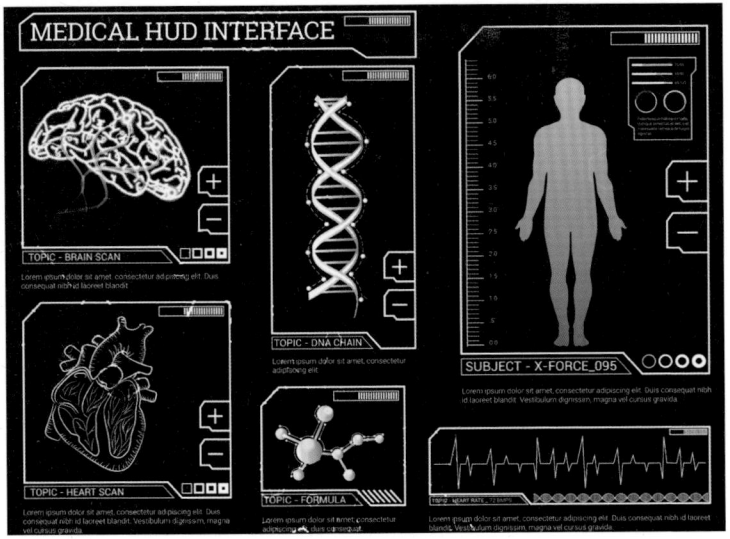

유전자가 '전체 집합'이라면 DNA는 그에 속한 부분 요소 쯤 되는 셈이다.

DNA의 원리는 1950년대 초반 '이중나선 구조'가 정립됨으로써 비로소 밝혀진다. 이중나선은 유전자 간 컨트롤을 영위하는 DNA의 속성 정도로 설명될 수 있는데, 이 모양이 마치 나선형 사다리를 세워놓은 것 같다고 해 붙여진 이름이다.

우리의 정체성은 각자의 몸에 잠식된 '세포'로부터 비롯된다. 이것을 DNA를 통해 인지해 낸다. 살아있는 모든 만물은 '염색체'를 지닌다. 그 중 인간은 23쌍의 염색체로 구성돼 있으며, 개별 개체가 품고 있는 유전 정보를 바로 '게놈'이라고 부른다.

유전자는 바로 DNA가 품은 최소 단위의 게놈을 의미한다. DNA에는 총 4개에 이르는 염기가 포함돼 있는데, 염기의 형태에 따라 인간 개별의 다채로운 성질을 띠게 되는 것이다. 동일 유전자를 가진 형제일지라도 겉모습이 조금씩 다르다는 점이 이를 증명한다.

## DNA를 이용한 다양한 활용법

빠른 결론을 내리자면 유전자는 인간 개별의 특성을 가장 정확히 체크할 수 있는 '나만의 산물'이다. 이에 각종 사건·사고 및 발굴 과정에서도 유전자 감식은 가장 신뢰할 수 있는 수사기법 중 하나로 각광받고 있다.

대한민국과 미국은 태평양전쟁 당시 강제 동원으로 희생된 영령들의 넋을 기리고자 최근 손을 맞잡았다. '유해봉환사업'으로 명시된 이 공조 프로젝트는, 전쟁 중 상흔을 입고 행방이 묘연해진 양국 전사자의 신원 파악과 유해 발굴을 위해 개시됐다. 이를 위해 양국은 전사자를 상대로 한 'DNA 추출' 프로세서 및 빅데이터 공유 등 '디지털 수사' 전반으로의 협력체계를 구축했다.

국방부는 최근 6·25 동란 당시 전사한 초병의 유해를 가족의 품으로 돌려보냈다. 사전 등록됐던 초병의 유전자가 유해의 근원을 파악할 수 있는 결정적 단서가 됐고, 신원을 확보한 군이 군사분계선 인근에 잠들어 있던 전사자의 유해를 발굴해 냈다.

수십 년간 그리움에 사무쳐야 했던 부녀$^{父女}$의 극적인 상봉에도 유전자의 힘은 발현됐다. 30년 전 딸의 손을 놓친 후 하릴없이 이별을 맞이해야만 했던 아버지. 그 아버지는 딸의 생사라도 확인하기 위해 자신의 유전자를 관할 경찰을 통해 접수했다. 이후 전국의 경찰망을 활용, 타지역에서 본인과 일치되는 유전자가 발견됐다는 소식을 접한 후 딸과의 재회를 만끽할 수 있었다.

범죄 해결 과정에서도 유전자 감식은 능동적 초동수사를 가능하게 하는 주요 수단으로 자리 잡았다. 최근 발발한 '한강 토막 살인사건'의 수사 과정에서도 수면 위로 떠오른 시신의 '유전자 합일 여부'가 주요 쟁점으로 부각된 바 있다. 최근 전 남편을 살해·유기한 강력 사건 간에도 발견된 뼛조각의 유전자 식별 과정으로 말미암아 사건을 마무리할 수 있는 중심 단서로 대두되고 있다.

위와 같은 강력 사건뿐 아니라 각종 절도사건 등에서도 현장 감식 중 범인이 남기고 간 타액이나 배설물, 담배꽁초 등의 흔적을 수집, 수집된 성분을 토대로 유전자 감식을 벌여 범인의 신원을 파악한다는 사례는 이미 많은 매체를 통해 접한 바 있다.

우리의 안심 밥상을 책임지고 있는 먹거리 수사에도 유전자 감식의 성과는 실로 고무적이다. 특히 명절 등 대목을

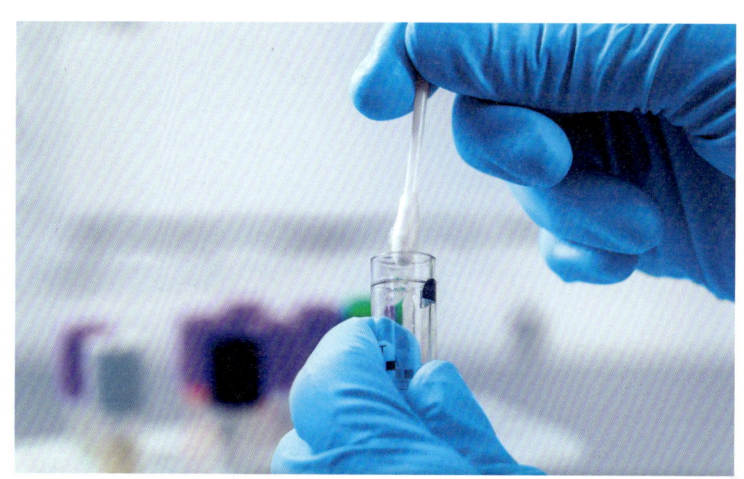

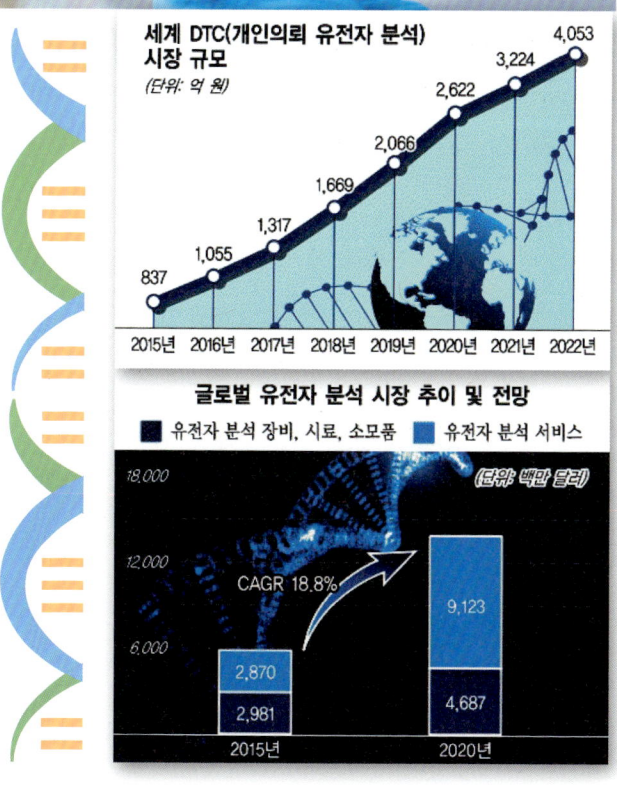

앞둔 시점, 소고기나 계란, 달걀 등의 이력을 허위 기재함으로써 소비자를 기만하는 행위는 미리 채취해 둔 식품의 유전자 샘플을 바탕, 유통시장에 내놓은 상품과의 엄격한 비교·대조의 과정을 거치게 된다. 이처럼 식품 관련 유전자 감식 역시도 소비자들에게 안전 먹거리 시장의 길라잡이 역할을 한다.

## 나의 내부 정체성, DNA

유전자 감식 자체가 특수성을 내포하다 보니 일반인들에게는 쉬 적용되지 않을 수 있다. 아이러니하게 가까이 있어 친숙하지만, 실생활에서만큼은 일정 부분의 괴리가 있다는 것이다. 하지만 '친자 소송'에 관한 사안만큼은 감식의 신변잡기적 성질이 일정 부분 통용된다. 위에서 언급한 가족 간 상봉뿐 아니라, 양육권을 갖기 위한 절차나 친자 확인 등의 소송 관련이 바로 그것이다.

　몇 해 전 검찰 권력의 정점에 서 있던 검찰 총장의 혼외자 논란이 불거지면서 유전자 감식의 중요성이 다시금 대두되기 시작했다. 다만 99%에 달하는 유전자 감식 기술의 정확도에 관해 자칫 '사적 영역'을 '공적 범주'에 편입시키는 것 아니냐는 우려의 목소리도 심심찮게 나오고 있다.

　그렇다면 친자 확인을 위한 유전자 감식의 절차는 어떠할까. 이는 예상외로 단순하다. 법리 다툼의 여지가 있는 특수 경우를 제외하고는, 이 메일 또는 유선으로도 감식을 위한 신청이 가능하다. 유전자 샘플은 우편 등을 통해 송달하면 된다. 송달된 샘플은 외부 물질의 유입을 차단하기 위한 고유장치에 보관된다. 온전한 상태로 보관된 유전자 샘플은 각종 시약을 활용, 추출하고, 유전자 개체를 확장하는 과정을 거치게 된다.

　이후 확장 된 샘플은 '유전자 분석기'로 보내진다. 분석기 내 장착된 '분광 장치'가 유전자 관련 정보를 취합해 냄으로써, 15개에 이르는 유전자 항목을 비교 및 대조하는 과정은 마무리되는 것이다. 전문가들은 친자의 확정수치를 99%정도로 본다. 이 정도 수치라면 동일 염색체를 가진 가족으로 본다는 것이다. 그렇다면 유전자 감식 중 오류 발생의 경우는 과연 없을까. 전문가들은 단언컨대 "NO"라고

답한다. 굳이 (오류 가능치를) 꼽아보자면 그 가능성을 8·90억분의 1 수준으로 내다보는 정도다.

유전자 감식에 드는 비용은 예전 대비 상당히 줄어든 추세다. 그 이유는 대한민국의 독자적 기술력으로 설명될 수 있다. 과거에는 유전자 감식에 필요한 시약을 미국으로부터 전량 수입해 왔다.

하지만 최근 (시약의) 국내 독자 개발에 성공함으로써, 기존 100만 원에 달하던 감식 비용이 현재 들어 15만원 내외 수준으로 줄어든 결과를 낳았다. 개발 배경은 고액의 (유전자) 감식 비용 절감을 위한 'DNA 감식 국산화 및 선진화 사업'의 일환으로 풀이된다.

이름과 주민등록번호가 나를 상징하는 '외부적 요소'라면, 유전자는 나를 대변하는 '내부의 정체성'이다. 이름은 자의에 따라 개명과 개선 등이 가능하지만, 유전자만큼은 그 어떠한 시류 속에서도 꼿꼿이 나를 대표해 간다.

유전자, 예스러운 구호인 듯하나 '명랑사회' 구축과 개개인의 인격과 자존감을 고취해 줄 주요 단서이다. 우리는 수십 억분의 하나를 뚫고 소중한 유전자를 받아낸 개인이다. 그러하기에 우리는 모두 좋은 방향의 '이기적인 유전자'임이 틀림없다.

# 인류의 진화
# 삶과 죽음

# 우리는 어떻게
# 인간이 되었나

　잣대부터 오염됐다. '진화론'과 '창조론'의 나뉨은 '실리'보단 '명분'으로부터 비롯된다. 다시 말해 믿음에 따른 '주체적 괴리'일 뿐 설왕설래의 논쟁이란 '턱없는 궤변'이다. 인류의 시초를 진화냐, 창조이냐 구분 지을 하등의 이유가 없다는 방증이다.

　이번 연재는 인류를 진화의 관점에서 바라보고자 한다. 약육강식弱肉强食. 생물은 '적응의 동물'로 우선 정의 내린다. 배경과 환경에 의거, 순종하고, 점층적으로 '심플'에서 '심도'있게 발전한다. 생존을 위한 하릴없는 경쟁을 수행하며, 수위에 따른 생·몰의 결과를 맞이하게 될 터다.

　본격적으로 진화론을 언급하기 전 창조론의 정체성 역시 알아둘 필요가 있다. 창조론은 우주 만물의 생성과 기원을 신의 영역인 조물주에 의해 조성됐다는 관점인데, 이는 서서

히 그 형태와 발전을 거듭해가는 진화론과 달리 지금의 인류는 완벽한 무無에서 유有의 과정을 거쳐 왔음을 믿고 있다.

## 오스트랄로피테쿠스

우리가 흔히들 생각하는 '원시인'의 시초로 볼 수 있다. 반우스갯소리로 인류의 조상을 '원숭이'라고 칭하는데, 쉽게 말해 오스트랄로피테쿠스는 원숭이라고 봐도 무방하다. 그래서 오스트랄로피테쿠스의 별칭을 '남쪽의 원숭이'라고 부르기도 한다. 탄생 시기는 약 600만 년 전으로 보는 것

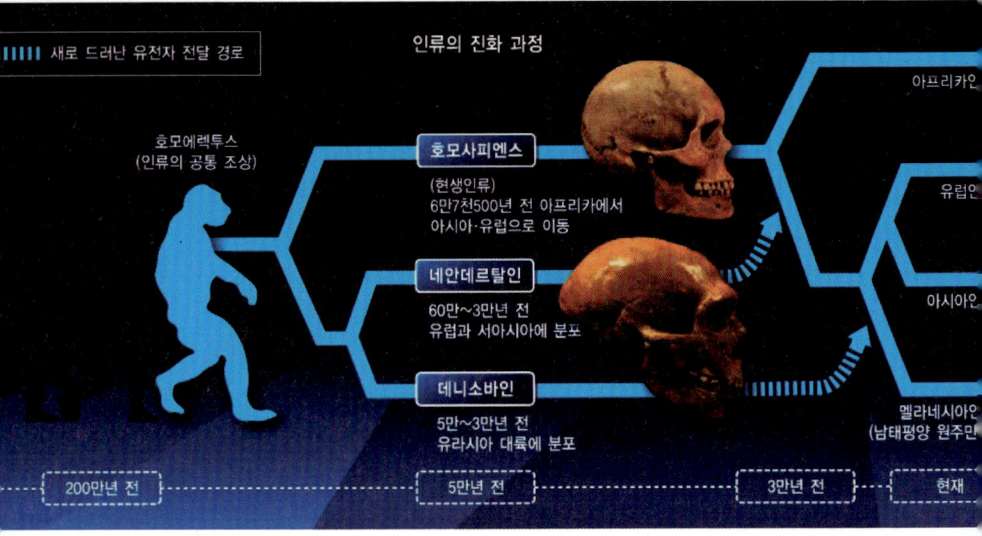

이 학계의 정설이다.

　오스트랄로피테쿠스의 처녀 발견은 1920년대로 거슬러 올라간다. 당시 남아프리카의 해부학 교수들에 의해 발견된 것으로 알려진다. 아프리카에서 발견된 만큼 오스트랄로피테쿠스의 근거지는 '동아프리카' 등지로 추정한다.

　생·몰 기간은 위에서 언급 했듯 600만 년으로 출발, 그 후 200만 년이 지난 400만 년경부터 본격적인 진화를 거듭했으며, 또 그 후 200만 년이 지난 시점에 멸종된 것으로 보고 있다.

　오스트랄로피테쿠스는 원숭이의 생활습관·반경과 일맥상통하다. 소규모 무리를 이뤄 '작은 집단'의 생활을 영위했고, 조금 더 진화된 시점에서는 도구를 사용한 것으로도 알려진다. 아프리카에서 비롯된 이 어설픈 도구 역시 점층적 발전을 거듭하며, 향후 아프리카를 넘어 유럽, 아시아에까지 전파되기에 이른다.

오스트랄로피테쿠스의 또 다른 정체성은 최초의 '직립보행'이다. 직립보행이 가능해지니 이들은 손이 자유로워졌고, 자유로운 손을 통해 도구를 만들고, 사냥을 하며 음식을 지어먹는 등의 나름의 '생존법'을 굳혀간다.

이처럼 오스트랄로피테쿠스는 '처음'이라는 함의를 품고 인류 역사의 작은 공을 쏘아 올렸다. 아직 불을 사용하지 못했고, 초보적인 수준의 석기 기술이었으나, 큰 턱뼈를 지닌 채 처음으로 두발을 내디뎠고, 도구 발전의 시발이었다는 것, 꽤 고무적이다.

## 호모하빌리스

호모하빌리스의 출현은 오스트랄로피테쿠스의 멸망 이후인 약 150만 년 전으로 추정되고 있다. 홍적세에서 군집생활을 했던 것으로 알려진다. 여기서 말하는 홍적세란 지질시대의 한 시점으로, 정확히 말하면 신생대 중 제4기, 그중에서도 초기에 속한다. 참고로 신생대는 총 5대로 구분한다. 호모하빌리스의 화석 역시 오스트랄로피테쿠스와 마찬가지로 아프리카 등지에서만 발견되고 있다.

호모하빌리스는 1960년대 중반 영국의 한 인류학자로부터 발견된다. 당시 이들은 호모하빌리스를 명명하는 것으로 '손재주가 뛰어난 능력자'라고 표현했다. 1m30㎝ 정도의 신장을 가진 호모하빌리스를 두고 '역기를 만든 최초의 인류'라는 또 다른 별칭이 따라다니기도 했다. 여기서 의미하는 역기란 자연석의 한쪽에 날을 붙인 석기를 뜻한다.

이로써 호모하빌리스는 '최초의 석기 이용 인류'로 통칭했다. 오스트랄로피테쿠스에 비해 턱이 좁고, 비록 가설이지만, 생성된 석기의 운반과 저장에도 일정 부분 기술력을 투영했을 것이라는 설도 나오고 있다.

영국의 인류학자인 루이스 리키는 호모하빌리스를 일컬어 '인간과 포유동물 사이의 고유한 연결고리'임을 주창했다. 이는 호모하빌리스가 원숭이에 가까웠던 오스트랄로피테쿠스와 제대로 된 직립 원시인의 시초인 '호모에렉투스' 사이에 출현한 것에 기인한다.

## 호모에렉투스

앞서 언급했듯 호모에렉투스의 상징은 직립, 다시 말해 '완벽히 두 발로 선 인류'로 볼 수 있다. 호모에렉투스는 제4기 신생대에서 생활한 인류로, 처음으로 아프리카의 범주

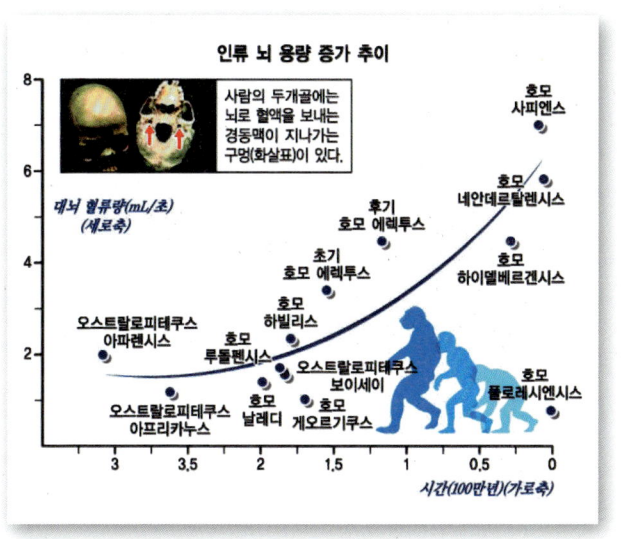

를 벗어난 지금의 유럽 등지에서 군락생활을 펼쳤으며, 불을 사용한 최초의 인류로 설명된다.

호모에렉투스는 완전한 직립 원시인인 만큼 평균 신장이 160㎝ 수준으로 알려진다. 등이 굽은 호모하빌리스보다 30㎝가량 크다. 현재 일반 여성의 신장과도 큰 차이가 없을 정도다.

호모에렉투스란 이름은 '자바원인' 이후에서나 명시된다. 자바원인은 호모에렉투스의 한 종으로, 약 70만 년 전 트리닐의 갱신세 중기층에서 발견된 화석 인류를 의미한다. 트리닐은 인도네시아 자바섬 중부 솔로강 유역에 있는 지역을 뜻하며, 갱신세는 홍적세와 같은 의미로 지질시대 중 하나를 의미한다. 참고로 호모에렉투스는 '라틴어'다.

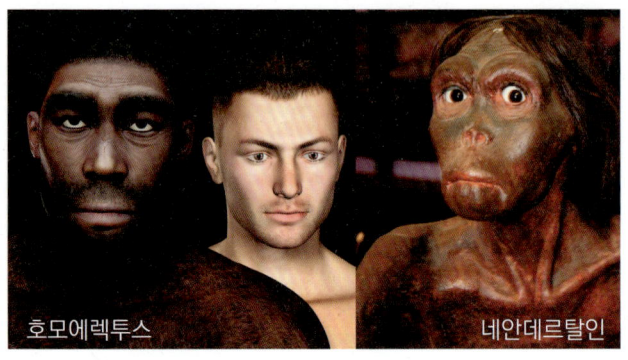
호모에렉투스 　　　　　　　　　　네안데르탈인

　호모에렉투스는 단순한 언어 사용이 가능했을 것으로 추측되고 있다. 그 근거는 호모에렉투스가 직립이 가능했다는 지점에서 찾을 수 있는데, 이는 호모에렉투스가 현 인류와 마찬가지로 서서 이동이 가능한 '동일 신체구조'임에 착안, 이로 말미암아 발성 구조 역시 지금의 인간과 별반 차이가 없을 것이라는 추정에서 비롯된다.

## 네안데르탈인

　네안데르탈인의 발견은 독일에서 이뤄졌다. 1800년대 중반, 독일 프로이센의 뒤셀도르프에 위치한 '네안데르 계곡'에서 발견된 것으로 말미암아 네안데르탈인이라고 명시하기에 이른다. 35만 년 전 첫 출현을 시발로 해 3만 년까지 '구세계' 전역에 분포됐던 인류로 추정된다. 구세계는

'구대륙'이라고도 불리는데, 15세기까지 유럽, 아시아, 아프리카 사람들에게 알려진 지역 또는 지점 등을 뜻한다.

추위에 강한 것이 네안데르탈인의 특이점이다. 이는 약 40만 년 전부터 유라시아 대륙을 호령했던 네안데르탈인의 체내에 형성된 '면역 체계'로 설명할 수 있다. 최근 현대 인류에 존재하는 네안데르탈인의 유전자 중 150여 개가 오늘날 A·C형 간염 바이러스와 인체 면역 결핍 바이러스 등과 상호 호환된다는 연구 결과가 나오기도 했다. 참고로 유라시아는 오늘날 유럽과 아시아를 통칭하는 용어로 사용된다.

네안데르탈인은 과거 '무스테리안 문화'를 이끌던 '문화적 선봉장'이라는 학설도 제기되고 있다. 무스테리안은 중기 구석기 시대 발발한 문화 형태를 의미하는데, 수많은 석기와 추상적인 벽화가 무스테리안 문화의 아이덴티티로 알려졌다.

## 호모사피엔스

여기서부터 진정한 '사람'의 영역이다. 다름 아닌 '이성의 유무'에 따른 기준이다. 그렇기에 호모사피엔스를 두고 예전 가요에서 들어봄 직한 '신인류'라 부르기도 한다. 호모사피엔스의 주 활동시기는 빙하기의 끝 무렵이다. 빙하기는 전 세계적으로 기후가 한랭해짐에 따라, 고위도 지방 또는 산악지대에 빙하가 발달했던 시기를 의미한다.

어찌 됐건 이때부터 인류는 생각을 하게 된다. 이와 더불어 집단의 규칙을 설정함은 물론, 목축과 농경 등 약간의 과장을 보태 '1차 산업'을 영위했다는 사실. 호모사피엔스라는 이름 그대로 '슬기로운 인류 생활'을 펼친 셈이다.

호모사피엔스는 구석기와 신석기의 교두보 역할을 톡톡히 해낸다. 메소포타미아를 중점으로 이뤄진 신석기로의 변혁은 호모사피엔스 인류의 출현으로 가능해진 셈이다. 메소포타미아 문명은 문자를 발명한, 말 그대로 '인류의 지혜를 품은 첫 산물'로 대변된다.

하지만 호모사피엔스를 '완벽한 인류'로 칭하기엔 약간의 무리는 따른다. 그 이유는 호모사피엔스의 정체성으로 설명될 수 있는데, 기존의 호모 사피엔스에는 현생 인류를 포함했으나, 미국의 물리화학자 마이어에 의해 밝혀진 '유인원과 흡사한 네안데르탈인도 호모사피엔스 포함한 학설'에 기인, 현 인류와 호모사피엔스 긴 시쳇말로 '교통 정리'가 필요했다.

그래서 현생의 인류는 구석기의 마지막을 보내온 호모사피엔스와의 차별성을 두기 위해, 현생인류를 사피엔스를 하나 더 추가한 '호모 사피엔스 사피엔스'로 명시하기에 이른다.

# 여유 한잔
# 커피의 향연

## 달콤한 당신을 따를까
## 씁쓸한 그대를 따를까

'아메리카노 커피의 맛을 알아야 진정한 어른이 된다'는 다소 관용적 표현이 있다. 여기엔 아메리카노의 쓴맛을 쓴맛대로 음미할 줄 알아야 '인생의 쓴맛'도 그럭저럭 넘길 수 있다는 애매한 메시지만이 담긴 듯하다.

사실 '커피를 커피답게 제대로 즐긴다'는 의미란 그 경계가 무척 모호하다. 다만 취향과 니즈에 따른 개별의 초이스 정도만 가능하다면, 이것으로도 충분할 듯. 이번 연재는 초반부터 그 목표를 설정해본다. 나름 아닌 그간 얕게만 인지해 온 (우리와 같은 지극히 일반인 기준) 커피 본질적 지식을 부디 '(작은) 개념 정립'의 장 정도로 여겨줬으면 하는 바람이다.

'커피는 00'라는 고전의 광고 카피가 우리에게 더 친숙하긴 하지만, 오늘만큼은 00의 역사까지도 한번 훑어보자. 이런 기회, 별것 아닌 듯 하나 의외로 쉬 생기지 않을 것임을 좋은 마음으로 믿어봐 주길.

## 에티오피아에서 시작된 커피

물고기는 나무에서 나지 않지만, 커피는 분명 나무에서 자란다. 서기 850년으로 거슬러 올라가보자. 커피나무의 시발은 에티오피아 카파주에서 비롯된다. 카파주는 에티오피아 남부에 위치한 작은 지역으로, 커피나무는 이곳 카파주에서 양을 몰던 양치기가 처음 발견한다.

이는 양들이 목장 인근에 서 있던 나무 열매를 섭취, 그 뒤 (양들이) 동시다발적으로 각성 작용(카페인에 의해)을 일으키는 것을 목격한 양치기의 증언에 기인한다. 한편에서는 (커피의 시작이) 에티오피아가 아닌 중앙아시아라고 주장하기도 하는데, 사실 두 사안 모두 '정설'이라 하기엔 어딘가

미흡한 부분이 있으니 판단은 독자가 믿고 싶은 대로.

하지만 정설에 가장 가까운 학설을 바탕으로 대략의 (커피) 연혁을 나열해 보자면, 에티오피아에서 출발한 커피나무는 예멘을 거쳐 9세기 페르시아와 1500년대 터키, 이후 16세기 네덜란드를 경유한 후 1600년대 후반 스리랑카로 유입, 1700년대 프랑스, 남아메리카, 쿠바, 멕시코를 차례로 지나온 뒤 1720년대 후반 브라질에서 정착됐다는 것이 그나마 공신력 있는 흐름도일 듯하다.

그렇다면 대한민국 커피의 시발은 과연 언제일까. 브라질 정착 이후 약 200년에 가까운 시간을 흘려보낼 적에야 비로소 '조선의 커피'를 맛볼 수 있다. 1800년 후반, 당시 조선에서는 커피를 '양탕국' 이라고 불렀다.

양탕국은 궁중 용어가 아닌 민간에서 떠돌던 지금의 '신조어'와 같은 말로, 여기서 양은 '서양'을 의미하며 탕국은 '보약'을 뜻한다. 다시 말해 서양에서 넘어온 (보약과 같은) 검은 물을 바로 양탕국이라 부른 것이다.

이 커피의 진정한 시작을 진심으로 알고 싶다면 '아관파천'을 먼저 이해해야 한다. 다름 아닌 이 커피라는 것이 아관파천 당시 러시아 공사로부터 조선에 들여져 왔기 때문이다. 아관파천은 명성황후 시

해 후 신변에 중차대한 위협을 느낀 고종 황제가 조선을 떠나 러시아 공관으로 몸을 숨겨 보호를 받게 된 사건이다.

여담으로 고종은 러시아 공사로부터 공수받은 커피를 특별한 장소에서만 음미했다고 전해진다. 바로 '정관헌'이라는 곳인데, 정관헌은 고종의 '전용 휴게실'임과 동시에 외교사절단을 응대하는 공간으로 알려져 있다.

몇 해 전 커피와 관련된 조금은 우습지만 신기해 마지않은 소식을 접한 바 있다. 세계 대회에서 몇 차례나 우승을 거머쥔 유수의 바리스타가 우리나라의 00커피를 맛보고 극찬을 전했다는 실로 믿기 힘든 이야기가 바로 그것이다.

00커피란 다름 아닌 '믹스커피'를 의미하는데, 우리에겐 너무나 친숙하고 간편하기 만한 믹스커피가 외국 바리스타의 입맛에는 적잖이 충격이었나 보다. 믹스커피의 출현은 커

피자판기와 맥을 같이한다. 1970년대 후반 D 식품회사에서 출시한 믹스커피가 선풍적 인기를 끌며 커피자판기의 수요와 공급도 기하급수적인 증가세를 보이기 시작했다.

친구와의 우정을 도모할 적엔 '캔 커피'를 함께 나누자. 사실 이 모든 것이 TV 광고의 폐해이긴 한데, 어찌 됐건 대한민국 최초의 아시안게임이 열린 해인 1986년, 라면을 주식으로 삼던 어느 어린 육상선수와 더불어 캔 커피는 대중 앞에 첫 선을 보인다.

추출 후 음미해야 하는 '원두커피'의 초입은 1988년 서울올림픽이 터줬다. 당시 올림픽 유치와 더불어 '해외 여행 자율화' 조치가 단행되며 해외여행객들의 추이가 상승, 이처럼 외국 왕래가 잦아짐에 따른 결과로 해외로부터 들여온 원두 도입은 '대중화'로 업그레이드 되기에 이른다.

## 많고많은 커피의 종류

커피에 조예가 깊은 이들에겐 큰 메리트 없겠으나, 최소한 커알못 (커피를 잘 알지 못하는 이들)에게 만큼은 향후 커피 선택의 범주를 높여주는 나름 유용한 정보일 것이라 믿어본다. 그런 의미로 '특별'하고, '특이함'을 철저히 배제한 채 가장 대중적인 커피 종류들로만 엄선(?), 소개해보고자 한다. 여기에 하나 더, 대중적 커피에도 나름의 사연과 개별의 방식이 있다는 정도의 소소함도 더불어 만끽해 보길 바란다.

서두에서도 언급했듯 커피 세계(?)에선 '떡국'과도 같은 시그니처마저 띤다. 떡국을 한번 먹을 때마다 하릴없이 한 살을 더 먹듯이 아메리카노는 진정한 어른의 등용문(?)이랄까. 여하튼 가장 대중적이되 쌉쌀한 향취가 일품인 아메리카노는 에스프레소 기반에 물을 추가한 후 연하게 만들어 낸 커피다. 조금 더 강한 맛을 원한다면 지신 있게 '샷'을 추가해 보자.

커피의 아이덴티티를 오롯이 느끼고자 한다면 '에스프레소'가 제격이다. 먼지만큼이나 잘게 갈린 원두가루를 고압에 쪄내(통과) 그대로 추출한 커피다. 에스프레소는 곧 '커피의 베이스'라고 지칭되며, 쓰디쓴 커피 맛의 시쳇말로 '본좌'라 일컬어지기에도 별 무리가 없다.

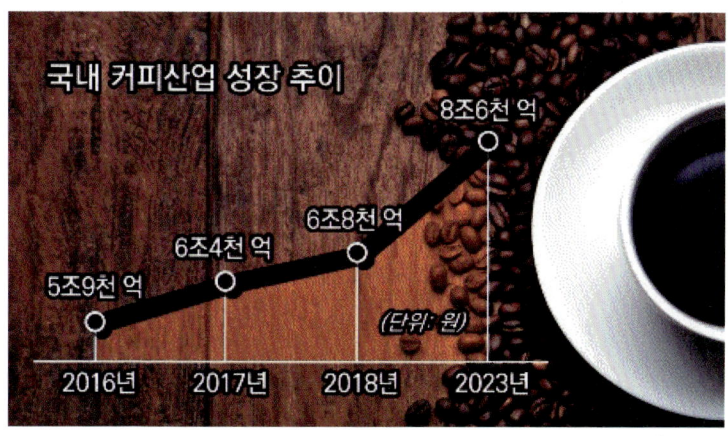

흔히들 당이 떨어질 때, 아니면 급격한 스트레스를 하릴없이 만끽해야 할 때, 그때는 '캐러멜 마키아토'를 선택해보자. 쉽게 단맛이 나는 에스프레소라고 떠올려보면 된다. 에스프레소에 고소한 밀크를 곁들인 후 달디 단 캐러멜 시럽으로 화룡정점을 찍어내는, 말 그대로 고소해마지않은 단맛의 향연이다.

소프트함을 원하지만 단맛은 싫다. 그렇다면 '카페 라테'로 한번 갈아타보자. 마키아토와는 달리 에스프레소에 오롯이 우유만 믹스해 낸다. 여기다 초콜릿을 얹는다면 바로 '카페 모카'로 탈바꿈한다. 흔히들 '코코아' 맛과 대동소이하다고들 하는데, 어찌 됐건 에스프레소가 베이스 되다 보니 그 참을 수 없는 쌉쌀함, 그렇지만 딱 기분 좋을 정도의 달콤쌉싸름한 맛이 콜라보를 이뤄 우리의 미각을 시나브로 사로잡을 것이다.

이 밖에도 호주에서 들여온 '플랫 화이트'와 이탈리아의 심벌 '카푸치노', 푹푹 찌는 아메리카노에 차디 찬 휘핑크림을 얹어 그 풍미를 더한 '아인슈페너'도 개별의 추출 방식으로 특유의 향취를 자랑하며 개인의 입맛을 사로잡고 있다.

## 추출에서 맛 달라진다

커피의 맛은 '추출 방식'에 의해 좌우된다. 추출 방식은 곧 '시간'을 의미하는데, 그 시간의 제반도 여러 사항으로 나뉜다. 바로 입자, 물 온도, '로스팅' 정도에 따른 차이다. 로스팅이란 날로 된 콩을 열을 가해 볶는 작업을 의미한다.

커피를 내리는 방식은 크게 '여과식'과 '침출식'으로 나뉜다. 여과식은 쉽게 '핸드 드립'과 '에스프레소 머신' 정도로 이해하면 된다. 침출식은 커피 가루를 물에 잠기게 한 후 추출하는 방식이다.

그 과정을 자세히 살펴보면 미리 분쇄해 놓은 원두를 프렌치프레스라는 기계에 넣은 뒤, 뜨거운 물을 붓는다. 이 후 플런저를 푸쉬, 커피 찌꺼기를 따로 빼내고 커피를 추출한다. 여기서 플런저란 압축 등에 이용되는 기계를 말한다.

온수가 아닌 특이하게 '냉수'로 추출하는 방식도 있다. '워터 드립'이 바로 그것인데, 워터 드립의 최대 장점을 꼽으면 커피 향의 기복을 최소화하는 데 있다. 찬물은 뜨거운 물에 비해 '산화'가 현저히 낮다는 이유에서다. 산화란 화학 반응 중

산소를 얻는 과정을 뜻한다.

　사실 추출 방식이나 종류 등에 앞선 '진정한 커피'의 아이덴티티는 바로 '누구'와의 '어떤 마음'으로 함께 즐기는 데 있다. 비록 근사해마지않는 럭셔리한 공간은 아닐지라도, 고양이 대변으로 빚었다는 수십만 원짜리 원두는 차치하고라도, 그저 좋은 사람과 입김 섞으며 호호 불어 마실 수만 있다면 자판기 커피라도 그만이다. 그렇게 마주 보고 마시는 커피 한 잔이 간절한 오늘이다.

"Good communication is as stimulating as black coffee and just as hard as to sleep after"

　*훌륭한 커뮤니케이션은 블랙커피만큼 자극적이고 각성제 역할을 제대로 한다. -앤 린드버그*

 수면이 곧 산업이다

Zz

분명 이 같은 논리가 맞아떨어진다면 '약령 시장'은 문을 닫아야 할 판이다. '잠이 보약'이라던데, 사람의 인생을 80년으로 잡고 하루 6~7시간의 수면을 취한다고 가정해 볼 때, 전 인생을 통틀어 3.2/1정도의 시간을 우리는 수면으로 할애하는 셈이다.

하지만 진정 보약의 존재를 부정하고자 한다면 수면의 정체성부터 재정립해봐야 한다. 잠이란 그냥 자는데 그침이 아니다. 어떻게 자는 데서 건강의 성패를 좌우한다. 수면은 살아있는 상태로 '의식이 상실'됨을 의미한다.

미국의 소설가 로버트 앤슨 하이라인은 잠에 관해 "행복은 충분한 수면으로 이뤄져 있다. 그 이상도 이하도 아니다"라고 했다.

## 렘수면과 논 렘수면

통상의 수면을 '오르토'라고 명시한다. 오르토는 영문 표기상 '표준'이라는 의미로 쓰이는데, 오르토 수면은 '정형화된 표준 잠자리 방법'을 뜻한다. 진정한 오르토 수면인지를 파악하기 위해선 혈압과 맥박, 호흡이 정상수치의 범주 내 들어있어야 한다. 의학적으로 정상 혈압은 120㎜Hg 미만, 정상 맥박은 분당 60~100회, 정상호흡은 맥박 4회 당 1회로 기준 한다.

또 다른 수면의 범주로는 '렘수면'과 '논 렘수면'이 있다. 렘수면은 쉽게 말해 '얕은 잠'으로 설명된다. 자는 것도 아닌, 그렇다고 깨어있음도 아닌 상태다. 눈동자가 빠르게 움직이고 숙면도 선잠도 아닌 터라 '패러독스 슬리핑' 혹은 '빠른 눈동자 슬리핑'이라는 별칭이 따라붙는다.

논 렘수면은 렘수면의 반대로 '정상 수면'을 의미한다. 다른 말로는 '오소 수면'이라고도 하는데, 여기서 오소란 'ortho sleep'의 첫 글자를 뗀 약어다. 말 그대로 숙면을 취하다보니 대뇌의 활동이 미약하다. 대뇌는 전체 뇌 무게의 대부분을 차지할 만큼 주요한 부위로써, 언어와 기억 등을 관장하는 기관이다.

## 불면증 해결책 없을까

프랑스의 혁명가 보나파르트 나폴레옹은 지독한 불면증 환자였다. 그 원인은 여러 가지로 알려져 있는데, 그중 선천적으로 약했던 나폴레옹의 위장상태가 첫 번째 이유로 꼽힌다. '소화불량'을 달고 살았던 나폴레옹은 거북한 속사정으로 말미암아 밤잠을 설치는 일이 예사였다고 전해진다.

나폴레옹은 이에 대한 타개책으로 '역발상적 측면'을 파고든다. 숙면을 위한 노력 대신 수면 시간을 줄여 그 시간에 맞춰 몸의 내성을 키워낸다는 것인데, 쉽게 말해 잠자지 못하는 것을 그냥 못 자는 대로 몸에 맞춰 렘수면은 논 렘수면으로 변화시키는 방식이다. 이것이 바로 '나폴레옹 수면법'이다.

이 수면법의 원리는 의외로 간단하다. 우선 이상적 수면 시간으로 일컬어지는 8시간을 목표로 잠을 청해본다. 잠이 오건 말건 눈을 붙이고 버텨보는 것이다. 다음날에는 아예 수면을 취하지 않는다. 어찌 보면 '간헐적 단식'과 시간상 차이만 있을 뿐 방식은 얼추 비슷하다.

그다음 날부터 5일까지는 기본 8시간에서 2시간을 더 줄인 6시간으로 수면 시간을 맞춘다. 전날 잠을 자지 않았으니 어쨌든 수면은 가능해질 터다. 이후 일주일이 지나면 6시간에서 또 2시간 줄인 4시간을 최종 수면시간으로 정한다. 여기서 잠깐. 이 과정에서 쪽잠, 자투리 잠을 청하는 것은 절대 금물이다.

열흘이 흐른 뒤에는 또 한 번의 밤을 지새워본다. 이번이 (밤을 지새운 지) 두 번째니, 원론적으론 (잠을 자지 않는 게) 훨씬 용이해질 터. 이다음부터는 하루에 4시간의 수면 시간을 공고히 함과 동시, 일주일에 한 번은 간헐적 수면 거부를 지속한다. 이렇게 몸을 단련(?)하다 보면 8시간의 절반인 4시간만 자도 정상 컨디션을 회복할 수 있다는 논리다.

우리나라 불면증 인구는 성인 기준 10명당 2~3명꼴로 나타난다. 특수한 상황 속 간헐적 불면이야 별문제 있겠냐만, 이것이 만성화로 발전된다면 생활의 질을 현저히 떨어뜨리는 무서운 질병으로 대두될 공산이 크다. 최근 건강보험심사평가원 조사에 따르면 지난해 불면증으로 병원을 찾은 환자의 수는 2013년에 비해 약 30% 이상 증가했다.

단순 수면제에 의존해서는 근원적 문제해결이 될 리 만무하다. 수면제의 근본은 '마취'에 있으며, 이를 소량으로 투여할 시 '진정 작용'을 일으킨다. 수면제의 이용은 최단 시간에 최소량으로 한정해야 함이 약리적 상식이다. 수면제 과다 복용 시 최악의 경우 일시적 심정지로 인한 뇌사 상태에까지 이를 수 있다.

불면 치료는 고질적이지만 않다면 간단한 생활 습관의 개선으로도 충분히 극복 가능하다. 우선 생체리듬 유지와 혈액순환을 위한 '유산소 운동'은 규칙적으로 하는 것이 좋다. 잠자리에 들기 몇 시간 전 미온수로 샤워를 해보는 것도 불면증 완화에 어느 정도 도움이 된다.

기본적이지만 수면시간 이외 자투리 잠자리는 가급적 피하는 것이 옳다. 무엇보다 불면증의 근원적 개선을 위해선 '습관'의 변화가 선행돼야 하는데, 숙면 여부와 별개로 누워 있는 시간은 반드시 통일하도록 하자.

이쯤에서 수면제를 대체할 수 있는 '수면 유도 식품' 몇 종류를 공유해보겠다. 그 첫 번째로는 '따뜻한 우유'가 있다. 이는 우유에 포함돼 있는 '트립토판'으로 설명되는데, 트립토판이란 단백질을 구성하는 아미노산 중 하나로, 섭취를 통해서만 흡수되는 필수 중의 필수 아미노산이다.

두 번째는 '바나나'. 이는 바나나 속에 포함된 '멜라토닌'과 '당분'으로 이해할 수 있는데, 멜라토닌은 뇌에서 분출된 생체 호르몬으로 말미암아 불면증 치료에 사용되는 약물이며, 당분이란 단맛이 포함된 물질을 통칭하는 용어다.

이 밖에도 호두, 대추, 체리, 아몬드, 키위, 호박 등이 숙면에 도움을 주는 식품으로 알려져 있다. 이와 반대로 고기와 토마토, 브로콜리 등은 숙면에 방해가 되니 잠자리 직전엔 피하는 것이 좋다.

## 바른 자세가 깊은 수면으로

위에서 언급했듯 숙면의 선결 조건은 '좋은 습관'이다. 우선 (잠자리의) 자세가 중요하며 베개와 이불 등의 (잠자리를 위한) 부가 선택에도 신중을 기해야 한다. 습관을 바꾸면 잠자리도 분명 바뀐다는 사실, 간과해선 안 된다.

수면의 가장 이상적 자세는 몸을 위로 향하는 올곧은 자세다. 하지만 이는 오르토 수면이 가능한 일반인의 기준이고, 코를 심하게 고는 사람은 옆으로 돌아누운 자세가 오히려 숙면에 도움이 된다. 이는 코골이의 원인과 직결된다. 코골이의 주 사유가 바로 '기도 막힘'으로 발생하기 때문.

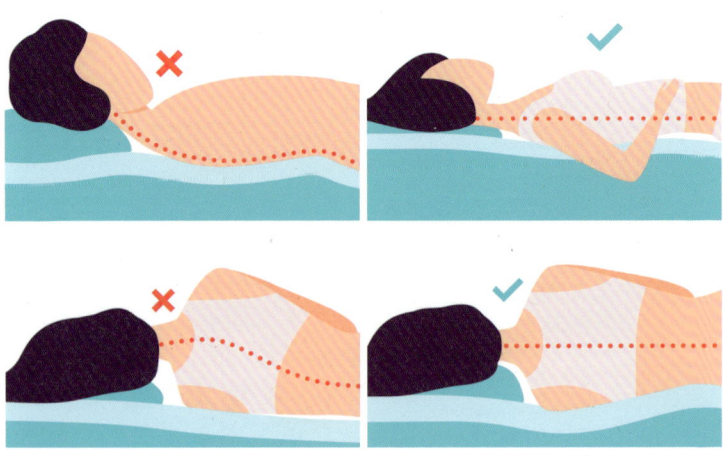

　베개의 높낮이도 숙면에 큰 영향을 끼친다. 베개는 곧 '수면 자세의 바로미터'로써 만약 베개가 기준보다 높거나 낮다면 목 뒤편의 신경을 압박, 손·발 저림을 야기하고, 더 나아가 코골이의 주요 원인이 될 수도 있다.

　올바른 베개로 올곧은 수면을 취할 시 '인대 노화'를 일정부분 방지함은 물론 목 디스크 예방의 효과 또한 거둘 수 있다. 의학적으로 이상적인 베개의 높이는 성인 남성 기준으로 5㎝, 여성은 3㎝로 본다.

## 성장 중인 수면 사업

수면도 곧 '산업'이다. 그도 그럴 것이 인생의 3분의 1 가까이 잠으로 소요하다 보니, 이에 파생된 수면 산업의 용틀임은 어찌 보면 섭리와도 같다. 유수의 경제 전문가들은 현재 대한민국의 수면산업 규모를 약 2조 원 수준으로 추산하고 있다. 이는 곧 잠자리 관련 산업이 '미래 주요 먹거리 프로젝트'의 하나로 급성장 중이라는 방증이다.

가까운 미국도 약 50조에 가까운 수면 시장을 형성하고 있다. 일본 역시 지난 2011년 이래 (수면 산업에 관한) 가일 층 박차를 가하고 있으며, 중국은 2010년부터 연간 25%에 가까운 꾸준한 성장세를 유지해가고 있다.

맥주와 소시지의 나라 독일에서도 숙면의 중요성을 사회적 모멘텀으로 설정, 침구류 산업의 호황기를 맞고 있다. 최근 3년 사이(침대 산업) 10% 가까운 상승 폭을 기록했다는 것이 이를 단박에 증명한다.

고전의 광고카피 중 '침대는 과학'이라는 문구가

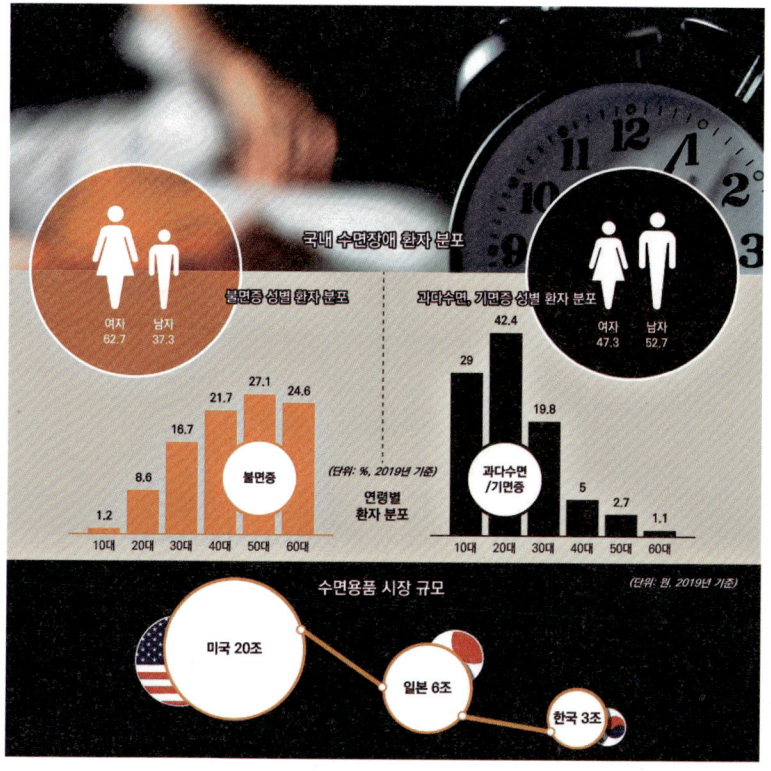

있다. 사실 앞선 연재에서도 몇 차례 다루긴 했지만, 그때는 주체가 아닌 아류로서의 인용이라 허투루 넘겼다. 하지만 오늘만큼은 주인공이다. 침대는 분명 과학이었고, 그 과학적 논리 속, 오롯이 숙면을 취하는데 집중하는 따뜻해 마지 않을 밤이 되길 바란다.

슬픔을 해소하는 세 가지 방법. 한 잔의 따뜻한 커피와 뜨거운 탕 속에 몸을 맡기는 여유, 그리고 세상 둘도 없을 따스한 수면이다.

 변화의 이름
'혁신'

# 기발한 혁신가
# 세요을 뒤집다

'혁신'은 무작정 '새로움'에 국한하지 않는다. 새롭되 세상을 변혁시켜야 할 책무가 상존한다. 새로운 것은 많다. 새 학기에 들어 처음 만난 새로운 담임 선생님, 친구들, 사회에 첫발을 내디딘 후 처음으로 부대낀 회사 내 선배, 동기들, 수십억분의 1이란 '선택 받은 유전자'를 타고 첫 번째로 만난 어머니, 그리고 아버지.

이 모두가 새로움의 연속이건만 이를 두고 혁신이라 지칭하진 않는다. 혁신은 '파괴'를 수반한다. 그것도 선한 의미가 선先순위 돼야할 까다로운 조건을 수반한다. 자율 주행차의 엔터테인먼트적 요소가 새로움이라면 자율 주행의 '편의'와 '안전성'은 바야흐로 변혁의 경지로 풀이된다.

혁신가에 관한 보호를 '의무화'할 필요가 있다. '선천적 혁신가'를 폄훼하지 않은 채 개별의 아이덴티티를 존중, 이와 더불어 '후천적 혁신가'를 인내하고 발굴해 낼 수 있는

'사회적 시각'이 요구된다. 마치 '실리콘 밸리'의 그것처럼 말이다.

## 세계적인 혁신가들

'넷플릭스'는 미국 엔터테인먼트 시장의 상징적 기업이다. 회사의 주력은 영화에 인터넷을 가미한 '스트리밍 서비스'. 스트리밍이란 상시 재생의 기법을 인터넷과 각종 영상에 투영·연계시키는 기법으로, 1990년대 중반 대중으로 하여금 첫선을 보였다.

넷플릭스의 전신은 '비디오 대여 사업'으로부터 비롯된다. 비디오 산업은 1980년대 초반부터 2000년대 초반까지 호황을 누렸는데, 이는 당시만 하더라도 파일을 다운로드받는 방식이 아닌 비디오를 통해서만 영상을 접했던 시류에 기인하다.

이 같은 비디오의 몰락과 함께 넷플릭스는 영상과 음성을 디지털의 과정을 거쳐 저장해내는 DVD를 거친 뒤, 지금의 온라인 스트리밍 서비스에 투신한다. 현재 넷플릭스의 이용 가입자 수는 미국 내에서만 우리나라 인구에 버금가는 5,000만 명을 육박한다. 세계적으로 추산 해 볼 땐 전체 인구의 2%정도에 해당하는 1억5천만 명에 이르는 것으로 파악되고 있다.

　넷플릭스의 창업주는 '리드 헤이스팅'이다. 지난 2010년 애플의 '스티브 잡스'를 제치고, 포춘이 선정한 '2010년 올해의 기업인 1위'로 선정된 바 있는 헤이스팅에겐 '불가사의한 능력자', '골리앗에 맞선 다윗', 'DVD의 몰락을 예견한 선견지명의 아이콘'이라는 수식어들이 마치 꼬리표처럼 따라다닌다.

　넷플릭스의 성공 전략은 크게 두 가지로 나뉜다. 바로 '지칠 줄 모르는 공격성'과 '콘텐츠의 오리지널'이다. 넷플릭스는 '디즈니'를 공략한다. 디즈니가 무엇인가. '애니메이션의 상징', 이자 '패밀리 콘텐츠'의 고유명사와 같은 엔터테인먼트 업체다.

　넷플릭스는 디즈니와의 공격적 콜라보를 성공적으로 일궈냄으로써 OTT[Over The Top] 기업으로의 용틀임을 시작했다. 여기서 OTT란 '온라인 동영상 서비스'를 의미하는데, 지금으로부터 7년 전인 2012년에 성사된 이 역사적 협업의 대가로 매년 3천억에 이르는 판권이 투입됐다. 판권은 저작권자와의 계약을 성사함으로써 저작자로부터 파생된 저작물의 이용, 복제, 더 나아가 판매 등에 이르는 각종 이익 등을 독점한다는 권리 양식이다.

넷플릭스의 아이덴티티는 '고유성'으로 대변된다. 보통의 스트리밍 서비스가 시장에 잠입 돼 있는 콘텐츠를 사들여 재공급해 오던 기존의 방식을 탈피, 넷 플릭스 개별로의 콘텐츠 범주를 공고히 함으로써 '콘텐츠의 오리지널화'를 실현하기에 이른다.

넷플릭스는 이용자와의 소통에도 적극적이다. 클릭 몇 번으로 보고 싶은 영상을 손쉽게 접할 수 있는, 그러니까 소비자의 니즈를 반영한 '편의성 측면'과 더불어 연작의 경우 끊기는 일 없이 '원스톱'으로 시청하고픈 소비자 심리를 적극적으로 취합, 이로써 넷 플릭스는 명실 공히 전 세계 스트리밍 시장의 30% 이상을 독점함과 더불어 여타 매체와 전 세계인들의 갖은 호평을 끌어내기에 이르렀다.

'테슬라'는 태생부터 이례적이다. IT, 벤처 문화의 산실

로 점철되는 실리콘밸리에 자동차 산업이 태동했다는 자체부터가 우선 혁신이다. 테슬라는 곧 '전기자동차의 아이콘'으로 대변된다.

전기차는 말 그대로 기름의 힘이 아닌 전기로 동력을 창출하는 자동차다. 영문명 electric vehicle. 실리콘밸리의 팔로알토에 위치한 테슬라는 비교적 짧은 업력(창립 2003년)에도 불구, 미래학자들 사이에선 '4차 산업혁명의 시류에 가장 안착한 자동차'로 평가되고 있다. 그 이유는 무엇일까.

이를 제대로 파악하기 위해선 창업자 엘론 머스크의 이력부터 되짚어 볼 필요가 있다. 남아프리카 공화국 출신인 엘론의 캐치프레이즈는 바로 '재생'과 IT 그리고 그의 괴짜적 천재성이 십분 가미된 '우주 산업'으로 요약된다.

테슬라의 전기 자동차는 오롯이 '환경을 위함'이다. 이에 엘론은 친 환경의 모토를 제반에 두고 '단점의 장점화' 전략을 꾀한다. 과거 전기차의 주요 맹점으로 꼽혀온 디자인, 주행 거리 등의 요소를 불식시키는 것이야말로 테슬라 전기차의 핵심 기술이다.

테슬라는 가솔린 자동차가 지니지 못한, 그중에서도 좋은 방향의 시그니처를 여럿 표출해내기에 이른다. 1회 충전에 400㎞ 이상 운행이 가능한 주행 거리와 최대 출력 (4초) 약 100㎞에 달할 만큼의 스피드를 대중 앞에 선보이게 된다.

연비는 말할 것 없고, 디자인마저 (취향에 따라 갈리겠지만) 기존 스포츠카 못지않은 쌈박함 내지, 스마트하다는 평이다. 혁신에 일장일단$^{一長一短}$은 어불성설이다. 진정한 혁신은 단점마저 장점으로 보완해야 하는 암묵적 의무, 또는 의미를 함의한다.

## 공유경제가 대세

이 기업을 논하자면 '플랫폼'의 이해가 선결 조건이다. 플랫폼의 원초적 어원은 '스테이션', 바로 정거장이다. 4차 산업에서 플랫폼은 '특수 시스템 내부를 구성하는 베이스'를 통칭한다. 다시 말해 총체적 요소는 제반에 두되, 이에 파생된 시스템적 부산물을 연계, 아울러 개발해내는 개념이다. 쉽게 말해 일종의 '브릿지'다.

택시 한 대 없이 세계 최대 규모의 택시회사로 성장한

아이러니한 기업 '우버'를 드러내기 위한 사설이 길었다. 우버는 플랫폼 기업이다. 스마트폰 애플리케이션을 활용, 차량과 그 차량이 필요한 승객을 연결해주는 일종의 '브릿지 서비스'를 제공한다.

올해로 창업 10년째를 맞은 우버. 창업자 트레비스 칼러닉은 벤처의 기본 소양 중 하나로 꼽히는 '공격성'을 담뿍 드러내고 있다. 사실 개인적 부침$^{浮沈}$에 설왕설래를 거듭 중이지만, 어찌 됐건 '공유 경제'의 기조에는 그 누구보다 마초적 기질을 띈다. 참고로 우버의 경제적 가치는 한화 기준 약 75조 원에 육박한다.

공유 경제에선 모든 물품을 '사유의 의미'가 아닌 '공유의 모토'로 둔다. '렌트'의 개념으로 이해하면 되겠다. '협업', '협동'의 기조로, 예를 들어 어떠한 서비스건 개인이 보유 하지 않고 자신이 쓸 만큼의 (본인 기준) 정량만 빌려 쓰는 것을 의미한다. 나머지는 (서비스를) 더 필요로 하는 이들에게 돌아가는 것이다.

우버는 곧 '공유경제'로 빗대어진다. 기존의 택시산업 중 파생되는 (사납금 등) 높은 비용을 일정 부분 해소시킨다. 통상 택시 업계에 부여되는 '택시 번호판 총량 규제'에 묶여 발생되는 지대를 우버는 피해간다.

이 지점에서 분명 '규제 혁파'냐, 또는 '규제 회피'냐에 관한 논란이 끊임없이 일고 있다. 하지만 달라지지 않을 사실 하나, 우버는 렌트의 개념을 두고 사유가 아닌 공유의 프로세스를 강조함으로써 우버 스스로의 시장 점유율을 켜켜이 쌓아가고 있다는 점이다.

## 구획과 범주에서 벗어나야

말썽쟁이였다. 천재적 기질은 분명했으나 그러한 기질이 자칫 '이단'으로 치부될 리 충분해 마지않을 그였다. 이미 고등학교 시절부터 세계 유수의 IT 업체에서 스카우트 제의를 받았다지만, 자신의 여자 친구를 모욕했다는 이유로 '복수 프로그램'을 생성하는가 하면, 어렵게 입학한 일류대학을 중퇴해버리는 등, 통상의 과정을 벗어난 특이한 궤적을 보인 그였다.

하지만 사회는 그를 특이하게 보지 않았다. 되레 특별한 시각으로 지켜본다. 그의 저력을 꽃 피우고자 하는 투자자와의 연계에 여념 없고, 그가 믿는 '맹신'을 '혁신'으로 인정했다. 그러면서 천재성을 결코 유리$^{遊離}$되게 하지 않았다. 복수의 시스템을 선한 의미의 혁신적 기술로 업그레이드 시킨 셈이다.

시가 총액 700조에 이르는 마크 저커버그의 '페이스북'은 이렇게 탄생했다. 자칫 궤변으로 간과될 뻔한 그의 괴짜적 기질에 투자자 '피터 틸'은 배팅했고, 개인사에 국한됐던 어느 프로그램을 실리콘 밸리는 '파괴적 혁신'이라 여겨 발굴해냈다.

혁신에 이데올로기와 민족성은 투영되지 않는다. 게르만족의 우월성을 역설하던 시기는 이미 흘렀고, 파괴적 새로움에 '민족'이라는 아이덴티티를 주창하던 구태란 이젠 물러나야 할 시점이다. 혁신은 다만 초월적이어야 하며, 혁신가는 단지 구획과 범주로 나뉜 채 선별돼서도 안 될 노릇이다.

혁신의 갈림길에 섰다. 여기엔 두 가지 갈림길이 보인다. '리더의 험로'와 '추종자의 꽃길'. 당신은 과연 어느 쪽을 택하겠는가.

알고 쓰나요?
한글의 과학

# 자랑스러운
# 우리의 언어

한글은 '이중적 잣대'를 함의한다. 무슨 말인고 하니 쉬우면서도 쉽지 않다. 예를 들어 영어의 'Yellow', '노랗다'라는 의미인데, 영문으로는 옐로우로 통칭하던 것이 한글로 넘어오는 순간 수가지 의미가 혼재된 개별의 느낌을 탑재한다.

노랗다, 누렇다, 샛노랗다, 누리끼리하다, 누르스름하다, 황톳빛이 난다 등 노란 건 분명 하나인데 어감은 모두 다르다. 심지어 노랗다는 의미를 사물이나 생물과도 접목한다. 금빛, 황소, 바나나색 등 여타 언어로는 도저히 표현 못 될 신묘한 의미가 한글에서만큼은 무궁무진하게 펼쳐진다.

'존칭'도 존재한다. 물론 영어에서도 '어미' 또는 '어구' 변형에 따라 일정 부분 존대의 의미를 갖는다지만 그건 어법상 해석일 뿐, '존대의 말' 자체가 독립 어구인 경우는 한

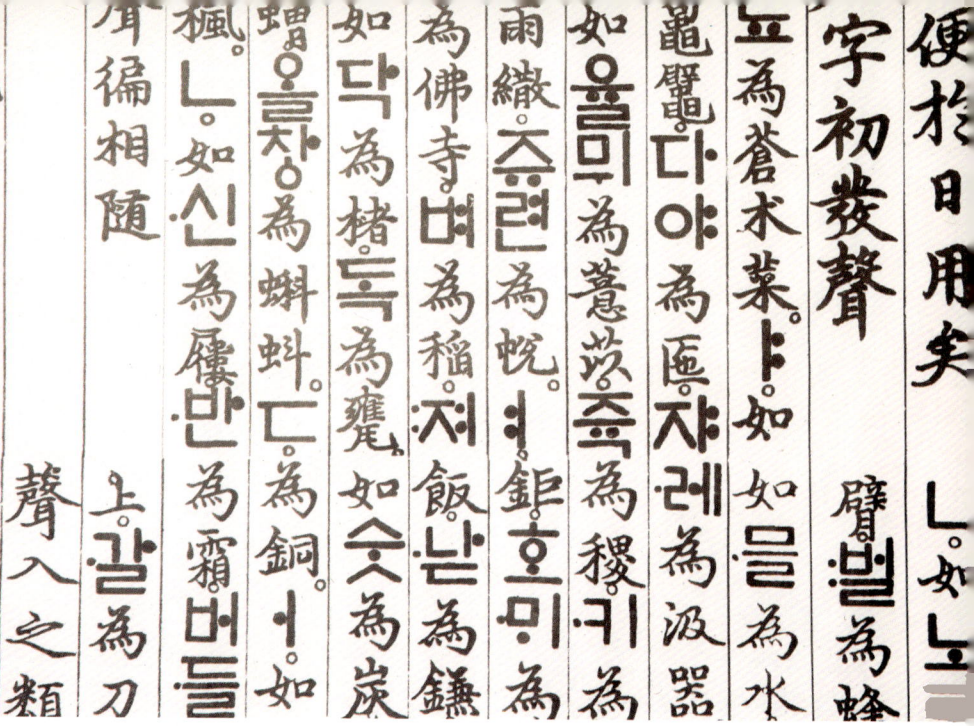

글이 유일하다. 존칭에만 그치면 다행이다. '극존칭'이란 것도 아울러 존재한다.

영어에서의 어법은 명료하다. 물론 한글도 '국립국어원 표준 표기법'이 분명 존재하지만, 신기하게도 시에서만 적용되는 '오타' 아닌 오타가 있다. 바로 '시적 허용'이라는 암묵적 약속. '시 특유의 운율$^{리듬}$에 반하지 말라'는 의미에서 문법상 오류라도 눈감아 줄 여유(?)가 한글에는 있다. 대표적으로 조지훈 시인의 '승무'에 나타난 '나빌레라'가 그것이다.

여기까지만 보면 한글은 어렵다. 하지만 역설적으로 한국은 문맹률 1% 미만인 유일한 나라다. 당연히 OECD 국가 중 수위다. 여기에는 대한민국 특유의 학구열이 한몫 하겠지만, 그보다 어렵되 다채로운 표현 기법을 지닌 한글의 과학성이 여실하다는 방증이다.

한글은 앞선 연재에서 거의 단독 수준으로 다룬바 있는 '태양'과도 가히 비견될 수준이다. 너무 가까이 있어 되레 소중함을 망각하는, 그렇기에 귀중해 마지않은 존재, 한글은 '과학'이자 '미학'이며, 표현은 깊고 심오하되 진입 문턱은 낮은 '대중성'을 지닌다.

매년 돌아오는 10월 9일이 공휴일로 재지정된 사실은 단순 휴식의 차원을 차치하고라도 '한글의 한글다운 고찰'을 1년 중 단 하루라도 영위할 수 있다는 데서 꽤나 고무적이다. 중간중간 어쩔 수 없는 표기가 나올 수 있겠지만, 최소한 이번 연재는 주제가 주제인 만큼 최대한 영문 표기를 배제해보고자 한다. 더불어 노력하고 아울러 공감해주길 바란다.

여기서 하나 더, 한글날이 10월 9일로 지정된 연유도 이 기회에 짚고 넘어가도록 하자. 이는 지난 1940년 여름, 안동에서 처음 발견된 '훈민정음해례본'으로부터 기인하는데, 이 책의 시작 부분에 표기된 집필 날짜가 (음력) 9월 상순으로 표시된 것에 기인, 이를 양력으로 환산한 10월 9일이 오늘날의 한글날로 지정됐다.

## 한글 창제 과정

한글의 바탕은 '애민$^{愛民}$'이다. 조선시대 문맹률은 약 90%에 달한 것으로 전해진다. 일부 양반 계층을 제외하고, 배움의 기회를 얻지 못한 서민 대부분은 글을 깨우치지 못한 셈이다. 한자로 표기된 공문서를 파악지 못해 하릴없는 불의를 당해야만 했던 대중을 세종대왕은 연민했다.

그렇다면 한글 창제에 관여한 기관, 혹은 더 깊이 들어가 개별의 참여 인재는 누가 있을까. 우선 전제돼야 할 사항, 통상 우리가 알고 있는 '집현전'과 한글 창제는 무관하다는 것이 과거 학설로부터 이어져 온 정설이다.

한글 창제는 1443년 말경으로 알려진다. 이 시점에 이르기까지 집현전 학자 누구랄 것 없이 (한글 창제에 관한) 그 어떠한 신호도 감지 못했다는 것엔 일정 부분 논란이 있다. 하지만 한글 창제 후 집현전 학자 최만리가 올린 상소문으로 말미암아 집현전과 한글은 어느 정도 괴리가 있었음이 드러난다.

당시 상소문의 요지는 한글 반포에 관한 문무백관의 의사 결정 과정을 거쳐야 한다는, 일종의 유예기간을 두자는 것이었다. 이를 비춰볼 때 세종대왕은 집현전 학자 누구와도 한글에 관한 공유를 시도해본 적 없으며, 학자들 역시 한글에 관한 전방위적 우려를 표시했음을 알 수 있다. 이는 '세종실록'에 근거한다.

그렇다면 세종대왕 단독으로 한글이라는 실로 엄청난 업적을 끌어냈을까. 이는 한글 창제 당시 병약해 마지않았던 세종의 건강 상태가 어느 정도 답을 내린다. 실록에서의 세종은 소위 가질 수 있는 모든 병을 다 지니고 있었다. 만성의 당뇨병을 시작으로 등과 다리, 어깨 통증을 달고 살았음이 전해진다. 실제 세종은 문$^\text{文}$에서만큼은 탁월한 재능을 발현했던 반면, 무$^\text{武}$의 범주는 도외시했던 것으로 알려진다.

특히 한글 창제를 위한 가열 찬 연구를 거듭 중이던 그 시기, 수불석권의 세종은 중풍과 이로 인한 합병증, 엎친 데 덮친 격으로 언어 장애라는 얄궂기만 한 풍파를 아울러 맞게 된다. 여기서 비춰볼 때 한글 창제가 학자들과의 공조가 아닌, 그렇다고 세종 개인의 업적 또한 아니라고 한다면 이는 필시 드러나지 않은 조력자가 존재할 터.

수양대군과 문종, 안평대군 그리고 정의공주를 (한글 창제의) 숨은 공로자로 보는 것이 학계의 중론이다. 수양대군은 '직전법'을 공표한 조선의 제 7대 왕 '세조'이며, 문종은 세종의 장남이자 5대 왕 그리고 안평대군은 세종의 셋째 아들로 둘째 형인 세조에게 죽임을 당하는 인물이다. 특히 안평대군은 예술에 조예가 깊었던 것으로 알려진다. 결국 세 사람 모두 세종의 직계인 셈이다.

마지막 남은 인물, 세종의 둘째 딸로 알려진 정의공주는 불교에 심취했으며, 특히 역산에 강했던 인물로 알려진다.

여기서 말하는 역산이란 사전적 의미로 '역법에 따른 계산법'으로 정의되는데, 역법은 천체의 주기적 운동을 관찰해 예측하는 법칙을 뜻한다. 다시 말해 '별자리' 분석을 기반으로 한 '천문학'에 능통했던 것으로 보인다.

결론적으로 한글 창제는 세종과 그의 가족들이 흘린 피·땀·눈물의 결집체라고 봄이 올바른 해석이다. 이를 통해 한글의 기본이 되는 닿소리 17자와 홀소리 11자가 탄생하기에 이른다. 닿소리는 '자음', 홀소리는 '모음'을 뜻한다.

세종은 이렇게 창조한 한글을 '훈민정음'으로 공표한다. 훈민정음의 뜻은 '백성을 가르치는 옳은 소리'로, 훈민정음의 원리를 요약·설명한 책이 바로 '훈민정음해례본'이다. 국보 70호로 지정된 훈민정음해례본은 유네스코 세계기록유산으로도 지정돼 있다. 광화문 광장에서 세종대왕을 만나본 적 있는가. 그곳 세종대왕이 들고 있는 책이 훈민정음해례본이다.

## 한글에 담긴 과학적 원리

한글의 과학성과 독창성은 실로 과할 정도다. 오죽했음 '반포일'이 있는 유일의 언어일까. 한글의 과학적 근거를 모두 열거하기엔 지면이 모자랄 정도니, 가장 기본이 될 '자·모음의 신비한 속성' 정도만 살짝 훑으며 파헤쳐보자.

자음에도 기본이 있다는 사실을 아는가. 의외로 많은 독자가 쉬 대답하지 못할 것이다. 바로 'ㄱ, ㄴ, ㅁ, ㅅ, ㅇ'이다. 이 다섯 자음으로 말미암아 19개에 이르는 모든 자음이 완성된다. 예를 들어 'ㅇ'에서 두 획을 추가해 'ㅎ'이 되고 'ㅅ'을 하나 더 붙여 거센소리 'ㅆ'이 된다는 설명이다.

하지만 더 놀라운 건 모든 자음의 동기가 사람이 소리를 내기 위해 사용하는 '음성기관'으로 부터 비롯된다는 사실이다. 이는 자음의 정의부터가 '목 안이나 입안에서 영향을 받고 나오는 소리'이니 더 이상의 긴 설명은 필요 없을 듯하다. '입 안 구석구석을 닿은 후' 나오는 소리, ㄱ, ㄴ, ㅁ, ㅅ, ㅇ을 각자 소리 내 한 번 읽어보자.

모음은 더하면 더했지, 덜할 리 없다. 모음은 자음과 달리 어디에 닿지 않고 오롯이 진동의 영향으로 발현된다. 학창 시절에 배운 '울림소리'가 바로 모음이다. 그런데 단모음 10개, 이중 모음 11개, 총 21개에 이르는 모음이 단 3개의 단순해 마지않은 기호로 완벽 정리가 될 수 있다는 사실, 오늘만은 놓치지 말자.

반드시 잡아야 할 세 가지 기호, 'ㆍ, ㅡ, ㅣ' 만으로도 모음체계는 충분하다. 하지만 이 간단해 보이는 기호가 단순 기호로의 역할에만 국한될까. 세종은 여기에도 의미를 부여했다. 바로 '천·지·인', '하늘'과 '땅' 그리고 하늘을 우러르고 땅에 겸손한 '인간'을 품는다.

국어학자인 주시경 선생은 한글을 일컬어 "당신과 나를

이어주는 무지개"라고 극찬하며 "나라의 흥망성쇠는 한글을 얼마나 사랑하느냐에 달렸다"라고 설파했다. 이번 연재의 마지막은 우리 국민 대부분이 그간 모르고 흘려 보내왔던 '한글날 노래' 구절로 갈음하고자 한다.

    강산도 빼어났다 배달의 나라, 긴 역사 오랜 전통 지녀온 겨레, 거룩한 세종대왕 한글 펴시니, 새 세상 밝혀주는 해가 돋았네, 한글은 우리 자랑 문화의 터전, 이 글로 이 나라의 힘을 기르자, 볼수록 아름다운 스물 넉 자는, 그 속에 모든 이치 갖추어 있고, 누구나 쉬 배우며 쓰기 편하니, 세계의 글자 중에 으뜸이도다, 한글은 우리 자랑 민주의 근본, 이 글로 이 나라의 힘을 기르자, 한겨레 한맘으로 한데 뭉치어, 힘차게 일어나는 건설의 일꾼, 바른길 환한 길로 달려 나가자, 희망이 앞에 있다. 한글 나라에, 한글은 우리 자랑 생활의 무기, 이 글로 이 나라의 힘을 기르자.

# AI로 지켜본 4차 산업혁명

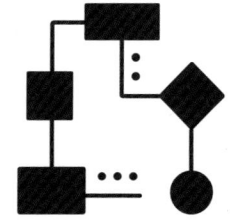

# 인공지능 진화
# 끝은 어디일까

지난 1년을 독자와 더불어 숨 쉬고 공감하느라 비록 조급했으나, 조급해하지 않으려 얼마나 자주 숨을 몰아쉬었는지 모른다. 지난 세기말 어느 유명 개그맨의 책 '컴퓨터 며칠만 하면 누구만큼은 한다'를 모티브 삼아 4차 산업혁명의 시류에 쉬 어울리지 못하는 우리와 그들이 한데 모여 활발해마지않는 소통의 장을 열어보고자 연재를 시작했다.

어떻게든 쉽지만, 다양한 4차 산업과 거기에 파생된 개별의 네트워그를 소개하고자 갖은 열을 올렸건만, 연재가 진행될수록 2%를 놓쳤다는 자책과 아쉬움에 무던히도 성찰의 연속이었다. '다음은 더 잘해야지'라는 알량한 다짐도 그 다음, 또 그 다음 연재에서 하릴없이 무너지곤 했다.

하지만 이 와중에 송구스런 자찬을 하자면 4차 산업과 인공지능에 관한 최소한의 개념 정립은 일정 부분 거뒀을 것이라고 본다. 내가 아는 정도를 나에게 그치지 않고 우리

모두가 공유하고 인지해가며 최소한의 대비와 미래 청사진을 더불어 그려보자는 나름의 다짐이 어느 정도는 통했으리라 믿어본다.

4차 산업혁명의 대두를 '유토피아'와 '디스토피아'라는 이항 대립 정도로 치부치 않고, '구더기 무서워 장 못 담글' 우매함을 타파해보고자 노력해왔다. '인간 노동의 자동화'를 단순 '잉여 인간' 양산으로 절망하지 않고, 또 다른 일자리 창출의 희망으로 거듭나보고자 여기까지 온 셈이다.

4차 산업의 모멘텀을 상기해본다. 4차 산업의 근간과 거기에 파생된 개별의 네트워크 시스템 가운데 몇 가지 사례를 되짚으며 '어쩌면 마지막일 것 같지 않을 마지막'을 맞이해보려 한다.

## 태양에 관한 고찰

너무 가까이 있어 마치 없는 듯하다. 인간 생존의 너무나 기본적 요소이기에 이렇게라도 되짚지 않으면 그저 그런 자연적 현상, 혹은 우주 저편에 떠있는 천체 정도로 여길 터다. 이렇게 본다면 우리의 '태양'은 콤팩트하되 임팩트 한 존재임이 분명하다.

태양은 곧 '전체'다. 수성을 비롯한 태양계 모든 행성을 아우르는 것이 바로 태양이다. 모든 천체는 개별의 특성과 나름의 아이덴티티를 뽐낸다지만, 종국엔 태양의 영향력 하에서 이뤄지는 일련의 섭리일 뿐.

태양은 태양 자체로 태양이다. 무슨 말인가 하니 우주에 속한 천체 가운데 그 어떠한 외부 영향도 받지 않은 채 스스로 빛을 발산하는 유일의 천체다. 'Sun is God', 이 문장 하나로 모든 것이 설명될 듯하다.

우리가 밟고 있는 지구에서의 태양 역시도 '만물 소생의 근원'이다. 태양으로 인해 숨을 쉬고 광합성을 하며, 생존에 가능한 온도를 유지해준다. 이와 더불어 비를 뿌리고 우리로 하여금 눈을 맞이하게도 해준다.

태양이 소멸될 때를 한번 상상해볼까. 생존의 문제는 말할 나위 없을 터고, 더 큰 문제는 태양이 그간 지구를 잡아왔던 힘, 다시 말해 중력이 일거에 소멸됨에 따라 지구는 검은 우주 속으로 하릴없는 유영을 벌여야 할 처지에 직면한다. 유영만 하면 다행이다. 의도치 않은 우주여행 중 맞닥뜨릴 소행성과의 충돌은 우연이 아닌 필연적 사고일 게다.

## 4차 산업의 소프트웨어

4차 산업혁명을 운운하는데 '소프트웨어'의 개념 정립은 필수불가결한 요소다. 우리가 되짚어온 빅데이터, 사물인터넷, 블록체인 등 4차 산업의 파생 요소들이 소프트웨어라는 근간에 의해 발현된다는 사실, 놓쳐선 안 될 팩트다.

4차 산업의 정체성으로 자존감을 뽐낼 소프트웨어는 쉽게 설명해 '프로그램'으로 통칭된다. 이는 프로그램 구동과정을 우선 살펴봐야 하는데, 프로그램 가동의 프로세스와 각종 색인, 규정 등의 총 집합체가 바로 소프트웨어다.

소프트웨어는 다른 의미로 인공지능의 '논리적 측면'을 대변한다. 인공지능, 이는 곧 AI 이해의 선결 조건이 바로 소프트웨어의 속성이라는 것인데, AI의 자양분이 소프트웨어인 것으로 비춰볼 때 4차 산업의 청사진에 소프트웨어는 알찬 밀알이 된다는 주장, 결코 과하지 않다.

여기서 잠깐, 소프트웨어의 모멘텀을 구체화시키기 위해선 AI와 사물인터넷의 올바른 정립이 전제돼 있어야 마땅한데, 흔히들 '파괴적 기술'로 명시될 법한 AI는 초고도

화된 문제 해결 능력을 보유한 인공의 지능을 의미한다.

사물인터넷의 총체는 '연계성'이다. 명칭 그대로 사물과 인터넷을 연결한다는 의미로 풀이되는데, 이는 일방향이 아닌 전방위를 아우른다. 이 같은 AI와 사물 인터넷의 접점에 소프트웨어가 버티고 있다는 것이다.

## 에너지도 똑똑해야 할 때

사람 개별로 흐르는 기운이 있다. 그 기운을 '아우라'라고 하는데, 통상 아우라가 있다, 없다는 것은 단순 선입견과 특수한 어느 시점의 차이일 뿐, 아우라는 누구에게나 있다. 만약 사람에게 기운이 없다면 더 이상 살아 숨 쉬고 있다는 자체가 무의미해질 듯.

이와 같이 에너지는 이 땅 위에서 사람들이 부대끼며 마시고 내뱉는 공기와 같은 주요한 자원이다. 때문에 에너지도 4차 산업의 시류에서 스마트라는 이름을 배제하긴 어려웠던 것으로 보인다.

'우리 강산 푸르게, 푸르게' 라는 고전의 구호가 '그린'이라는 이미지와 중첩돼 '그린 에너지'로 변혁을 시도해가고 있다. 정책적으로 '녹색 성장'과 그 궤를 함께한다. 스마트 에너지의 발발은 만물의 근원인 태양과 맞물려 '태양광 사업'으로의 아이덴티티를 정립해간다. 이를 통해 환경 보호의 차원과 아울러 기존 대비 약 70%에 이르는 에너지 변환의 효율성 제고를 기대해 봄직하다.

이 밖에도 전기 소요가 많은 다중이용시설 등을 상대로 스마트 에너지의 상용화가 본격화될 시점에 도래한다면, 경제성 제고 면에서도 탁월한 효과를 거둘 것으로 예상되고 있다.

## 인간 손이 없는 '스마트 노동'의 시대

'공장의 기계화'는 산업혁명의 심벌이었다. 각 공정 간 인력과 기계의 적절한 콜라보를 꾀하면서, 조금 더 안전하게, 조금 더 빠르게, 이를 한데 모은 조금 더 효율적인 공장의 프로세스를 그간 발 빠르게 구축해 왔다.

하지만 지금까지의 기계화는 어찌됐건 인간의 통제 하에서 사람의 손을 거쳐야만 될 조금 더 편한 노동력의 제고 수준이었다. 이제는 인간의 손을 놓고, 한발 더 나아가 기계 스스로 컨트롤 해가는 진정한 의미의 '스마트 팩토리'가 군웅할거 群雄割據 하고 있다.

현재 스마트 팩토리의 자동화 과정은 전체 5단계 중 3단계 정도에 이른다. 3단계는 자동화의 손이 미처 범접하지 못할 최소한의 공정만을 인간이 처리해내는 수준이다. 아직까진 주로 '제조업'으로 스마트 팩토리의 범주가 국한돼 있는

데, 스마트 팩토리의 정점은 안전의 모토를 제반에 두되, 인건비와 생산성 제고 등의 경제적 산출 효과에 있다.

적은 인력으로 많은 공정을 해소해간다는 스마트 팩토리의 기조는 불량품을 줄여 재고 상품을 미연에 방지하고, (스마트 팩토리) 도입 이전 대비, 약 20% 이상의 수출액을 달성하는 등 경제성을 전면에 내세운다. 아직까진 '선택 사양'에 그치지만, 향후 경쟁력 확보를 위한 '필수 불가결한 사양'으로 거듭남은 쉬 예상될 법한 미래다.

## 인문학이 더해진다면

지난 1년의 시간동안 작은 지식으로 방대한 4차 산업의 개념을 소개하느라 놓쳐버린 부분이 있다. 바로 '인문학'에 관한 소양이다. 가열 찬 발전과 이를 위해 가일 층 박차를 가해가고 있는 AI의 극점엔 결국 '나', '우리', 그리고 '인간'이 상존한다. 결국엔 AI의 진일보한 기술력은 인간에 의해, 인간을 위함으로 귀결된다는 의미다.

우리는 4차 산업혁명의 프로세스를 공유해야 하는 근원적 동기부터 살펴야 한다. 이는 '어떻게 잘 살아야하는가'라는 고찰의 과정에서부터 비롯된다. 사실 잘 살아야 한다는 당위만 있을뿐 그에 따른 해법이란 '뫼비우스의 띠'처럼 영원히 모호한 문제다.

다만 4차 산업과 인문학의 연계점을 더욱 공고히 해보자는 것이다. '청출어람靑出於藍'이라 함은 반드시 이뤄야할 실리적 요소로 응당 남겨두되, '온고지신溫故知新'의 지혜를 결단코 품어야 할 명분으로 아로새겨보자. 진정한 4차 산업혁명의 이해를 위해선 인문학의 탐독이 절실히 요구된다.

AI는 인간을 더욱 인간답게 이끌어주는 선한 의미의 제반 사양임을 짐작으로 그치지 않고, 오롯이 수용해 보자. 2019년의 처음과 마지막을 AI와 함께했다. 'AI와 함께히는 세싱'에서 그동안 감사했습니다.